乗って撮って味わって…

# ほろ酔い鉄道紀行

ニッポン縦断



イカロス出版

# もくじ

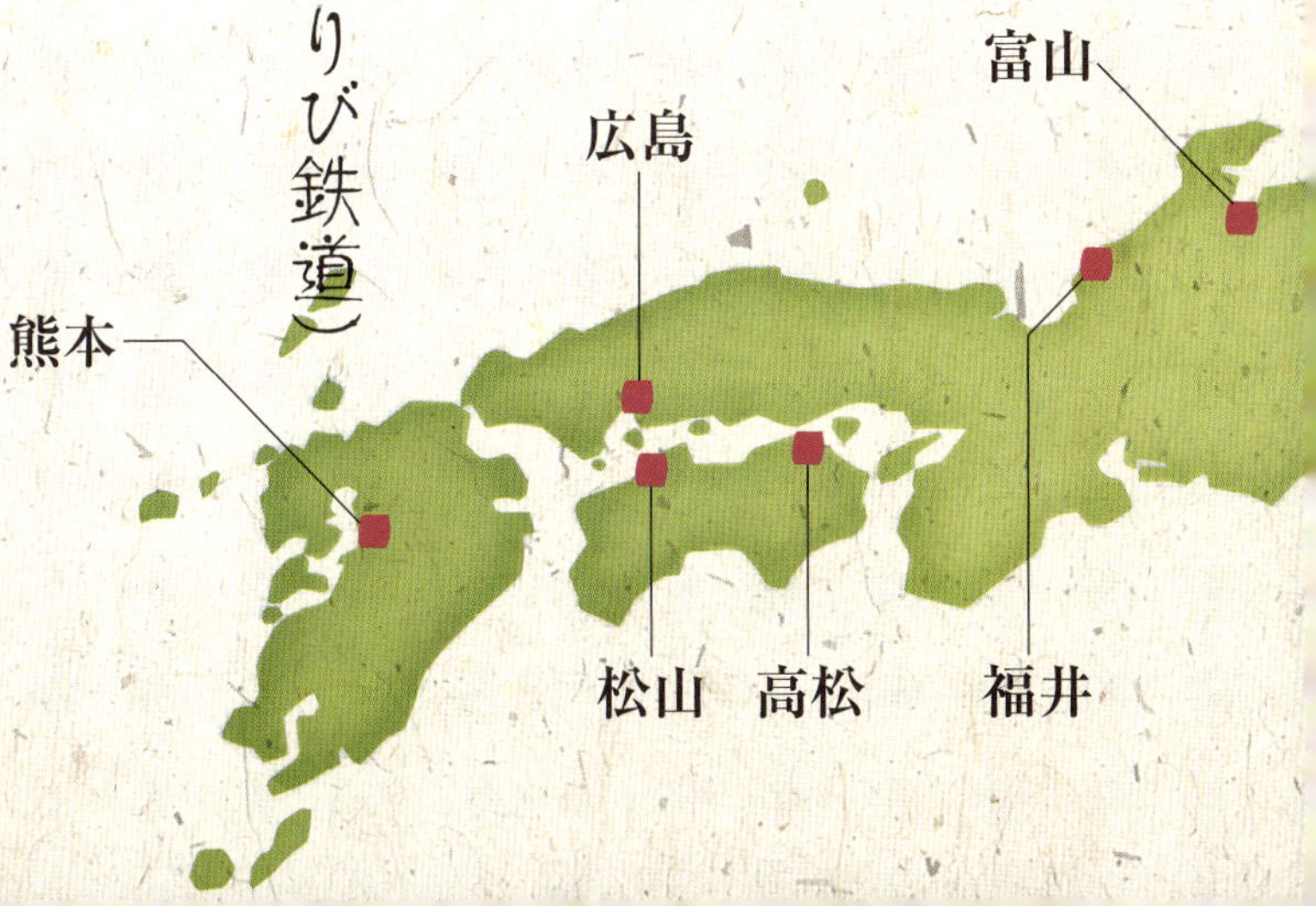

富山
広島
熊本
松山
高松
福井

# はじめに

「最近、撮りたいものが減って、カメラの出番もほとんどなくなったよ」

私と同世代（1970年代生まれ）の鉄道写真を撮っていた仲間からよく聞く言葉である。物心つく頃にはSLは終焉し、代わってブルートレインがブームになった頃に少年期を送った世代。国鉄がJRになり、社会人になってからは、少しずつ姿を消しつつある国鉄型車両を撮影していたのだが、平成も終わりになる頃には、ついに潰えた。そして令和の今、聞こえてくるのが冒頭のような言葉である。

ならば、撮る対象をもう少し広げてみてはどうだろう。例えば、地方私鉄。大手から譲渡された昭和生まれの車両が今も現役で走る。車両だけでなく、古い木造駅舎や、駅前の商店街などの街の佇まいに、昭和の面影を感じることだろう。再開発が進む前に、自分が生まれた頃、青春を過ごした頃の風景を、懐かしい車両とともに写し留めてみよう。そんな昭和世代に提案する旅の指南書として著したのがこの本だ。

今回、路線の選定にあたり「乗って、撮って、味わう」をテーマに、以下の基準を設けた。

①ＪＲではなく地方私鉄や公営鉄道

②運行頻度が最低1時間に1本はあること

③郷土料理や美酒が楽しめること

まず①について。大都市以上に地方の少子高齢化は深刻で、コロナ禍では特に地方私鉄の輸送人員が大きく目減りし、元には戻っていない。そのような状況下で、少しでも応援できることはなかろうかと模索して行き着いたのが、この本の企画である。なお例外として東京の都電荒川線を扱った。働き盛りの同世代には東京へ出張される方も多いと思う。出張族の方でも半日を使って楽しめるミニトリップの提案として、最後に番外編的に紹介した。

つぎに②。どんなに風光明媚な場所であっても、一日数本しか走らない路線だと、途中駅で降りて、撮影するとそれだけで一日が終わってしまう。この本の主眼は、列車を乗り降りしながら撮影を楽しむことにある。なので基本的には、少なくとも1時間に1本は走る路線を選んだ。また撮影スタイルについても、三脚を据えてじっくり撮るよりも、列車に乗って気になる場所を見つけたら、サッと降りて手持ちで撮るという、スナップ的な撮影を提案している。結果として、路面電車が走る地方都市が多くなった。

そして、最後の③。私にとっては乗ることや撮ること以上に、一番の関心事である。一日の締めくくりには、その土地ならではの料理と美酒を堪能したい。この本では各章ごとに一つの飲食店を紹介した。どの店も、じっくりと取材してお一人様での来店大歓迎というお墨付きも得た。

ではニッポン縦断、南から北へ、昭和の残像を求めて一緒に旅に出かけましょう。

# 熊本市交通局・熊本電鉄

熊本の朝は霧が迎えてくれた。河原町付近は古い街並みが残る。

林立するマンションの谷間にも、城下町の風情が残る新町交差点付近。古い車両が似つかわしい。

## 万緑の　城下を駆けるよ　肥後の街

「いやー、このところ熊本の景気はすごいですよ」

熊本駅から乗ったタクシーのドライバーの声は弾んで明るい。

「10年くらい前までは、駅で客待ちしていても暇でしたが、新幹線が来て、色んな半導体の工場ができて、それで今度のＴＳＭＣでしょう」

今や半導体関連は、熊本の一大産業。ソニーや三菱電機といった国内メーカーだけでなく、昨今話題の台湾のＴＳＭＣの熊本進出によって景気は上々だという。ただ交通渋滞も顕著だそう。

「特に、ここ電車通りは混みますねー。路面電車がなければ車線が増えて渋滞もマシになるんでしょうけど、熊本といえば路面電車ですし、なかなか…」

そうそう、熊本から路面電車がなくなっては困る。路面電車が走る街だからこそ、私はこの街が好きで度々訪れているのだ。

乗るなら低床車がおすすめ。大きな窓から眺める街と、トラムガイドの観光案内も心地いい。

阿蘇外輪山《がいりんざん》に源を発し、熊本の街を滔々《とうとう》と潤す白川。この清冽な水と有明海から吹き込む温かく湿った空気が反応して霧が発生しやすい。そんな空気感を写真に収めようと、呉服町《ごふくまち》電停へ。白川に架かる長六橋《ちょうろくばし》は逆光の朝靄に霞んでいる。その中をヘッドライトを灯した電車がカーブを曲がりながらおぼろげに現れた。ここ呉服町から河原町にかけては、風情ある石畳の軌道が続き、昭和生まれの古い車両がよく似合う。

ひとしきり撮影したら、上《かみ》熊本を発着するB系統の新町電停に向かう。路面電車を乗り継いでも行けるが、待ち時間や乗換を考慮すると歩いた方が早い。狭い路地や丁字路に城下町の面影を感じなら10分ほどで到着。熊本地震以降、再開発とセットで新しいビルやマンションへと建て替えが進む中、新町交差点の周辺は、古い街並みに路面電車が走る懐かしい風景が残っている。北西角に建つ長崎次郎書店は１８７４（明治７）年に創業した老舗。かの森鷗外も訪れたという。レトロモダンな店構えは新町のランドマーク的存在だ。残念ながら、書店としての営業は２０２４年で終

熊本城下をゆく熊本市電。熊本城の復原工事もかなり進んでいる（※写真は地震前のもの）

熊本電鉄では、多種多様な中古車両が活躍する。近年は静岡鉄道からの譲渡車両も。

了したが、2階の喫茶室は健在で、行き交う路面電車を眺めながらのコーヒーは格別だ。

懐古趣味的には古い車両に目が行きがちだが、熊本市電は超低床型の車両を全国の事業者に先駆けて導入した実績もあり、新旧の車両がバランス良く活躍している印象だ。低床車は段差がほぼないためストレスなく乗降ができ、大きな窓越しに、木々の緑が美しい熊本の街並みを楽しむことができる。また低床車では日中の時間帯にトラムガイドと呼ばれる車掌が乗務し、観光案内を行ってくれる。熊本の路面電車の楽しみ方は、撮るなら懐かしい車両、乗るなら最新鋭の低床車といったところだろうか。

熊本を訪れたなら、もう一つ、乗って、撮っておきたいのが熊本電鉄だ。藤崎宮《ふじさきぐう》前と上熊本をそれぞれ起点に北熊本で合流し、熊本のベッドタウンとして伸長する御代志《みよし》を目指す路線だ。1986（昭和61）年までは御代志から先の菊池まで運行していたことから、今でも地元では「菊電」の愛称で親しまれている。

熊本電鉄での撮りどころは何と言っても、実質の併用軌道である藤崎宮前から黒髪町《くろかみまち》にかけての区間であろう。路面電車ではない18m級の大型車2両編成が、民家の軒先と生活道路の間をのっそのっそと走る姿は一撮の価値あり。都会での使命を終えた車両たちが終《つい》の棲家を求めて南国・熊本へはるばるとやって来て、のんびりと余生を過ごしているかのような姿は、どこか人生の縮図さえも感じさせてくれる。

熊本市が政令指定都市になって10年を超えた。その間、熊本地震という試練にも直面したが、冒頭のタクシードライバーの言葉が表すように、好調な景況感は街の活気からもひしひしと伝わってくる。新旧がほど良く調和した熊本の街と鉄道。これからも更なる発展と再開発が見込まれる中で、懐かしさを求めて撮って乗るなら今しかない。

三岳
三岳

旅人をやさしく迎え入れてくれる女将とずらりと並んだ、おばんざい。

ぬくもりを感じるおもてなし

# あめや

陽が西に傾き、熊本城をシルエットに変えて空が赤く染まりはじめると、クッと一杯が恋しくなる時間帯だ。熊本随一の繁華街である通町筋《とおりちょうすじ》を離れ、かつての武家屋敷街へ。静かに佇む「あめや」は、１９５２（昭和27）年の創業で、屋号はもともと飴屋さんだったことに由来する。暖簾をくぐり、まず目を引くのが横に長いカウンター。3年がかりで探し当てたカウンター用の丸太は樹齢１５０年。更に乾燥に2年を要したというこだわり。その上には丹精込めた彩り豊かなおばんざいが目を引く。優しく迎えてくれる女将は御年93歳！　先代夫人である女将と、現在のマスターである二代目、その奥様の三人で手分けしながら店を切り盛りしている。

店のメニューに書かれた、

「旅の途中で訪れるお客は大歓迎。今宵ひと時、疲れを癒してみませんか」

というコピーが旅人の心をグッと掴む。池波正太郎の大ファンというマスターは、時代劇の中でふと入りたくなる酒場を目指したとのこと。そんな話を聞けば、

辛子蓮根などの熊本の郷土料理も味わえる。男は黙って瓶ビールが流儀。

**あめや**

住所
熊本県熊本市中央区
練兵町61-8
営業時間
17:00～21:30(L.O.21:00)
定休日
土曜・日曜・祝日
電話番号
096-356-8636

「鬼平犯科帳」のエンディング曲、ジプシーキングスの「インスピレーション」が心の中で鳴り響き始める。

「生ビールやサワーは置いていません。勝手ながら男は黙って瓶ビールでお願いします」との店の流儀に従おう。手酌でグラスにビールを注ぎ、まずは喉を潤す。

　おばんざいがどれも美味しそうで迷っていると、女将が選んで盛り合わせてくれた。かぼちゃの煮物、きんぴら、鯖の煮付けやこのしろの南蛮漬けなど、まるで私の好みを見透かされたような気分だ。楽しく飲み進めていると、

「『ざぜん豆』はいかがですか」

と聞かれる。熊本の郷土料理の一つで、座禅修行のお坊さんが、腹持ちの良い豆を食べていたことからその名がついたという。

　このあとは、おばんざいの中からもう一品追加しても良し、熊本名物の馬刺しを食べるも良し。ビール一瓶は軽く飲み干しそうだ。

「球磨《くま》焼酎でも飲みますか」

とマスターに問われる。「萬緑《ばんりょく》」「大石」「水鏡無私」など東京ではなかなか味わえない米焼酎が並ぶ。普段は焼酎といえば芋だが、久しぶりに米焼酎を味わう。まるで吟醸酒のような華やかな香りと旨みで、改めて球磨焼酎の奥深さを感じることができた。九州らしい甘い醤油で味付けされた肴との相性もこの上ない。

「引き続き。良い旅を」

　旅人を温かくもてなし、送り出す心がうれしい。人情時代劇のようなぬくもりに浸りながら、ゴトゴト揺れる電車で宿に戻った。

旅人をもてなす心が感じられる店だ。

## 熊本 撮り呑み歩きMAP

❶古い電停標とカーブした石畳の軌道 ❷飲んだ後はライトアップされた熊本城と ❸熊本一の繁華街、通町筋から ❹白川に架かる大甲橋と桜 ❺新町界隈の古い街並みも記録しておきたい ❻生活感漂うB系統 ❼必由館高校前から ❽イートインOKの熊本の弁当チェーン。撮影の合間に。名物ちくわサラダを出来たてのうどんに載せて

熊本電鉄菊池線
上熊本駅
上熊本駅
上熊本
6 県立体育館前
本妙寺入口
杉塘
段山町
熊本城
蔚山町
井芹川
5
p8
新町
洗馬橋
西辛島町
花畑町
熊本城・市役所前
通町筋
2
水道町
3
p10
4
辛島町
慶徳校前
p12
あめや
呉服町 1
p6
河原町
祇園橋
JR鹿児島本線
九州新幹線
熊本駅
熊本駅前
九品寺交差点
黒髪町駅
坪井川
8
7
p11
藤崎線
熊本電鉄
藤崎宮前駅

8

7

6

広島

# 広島電鉄

太田川放水路に架かる新己斐橋を渡る。

現存する被爆電車の１両である652号が今日も走る。広島電鉄は原爆投下後３日で運行を再開した。

## 鉄輪と　川の調べが　心地いい街

　広島市は水の都だ。地図を眺めれば一目瞭然だが、市街地は三方を山に囲まれ、広島湾に注ぐ太田川とその支流の河口の上に街全体が乗っかっているような状態だ。どの川も幅があるため、長い橋も多い。水の都と言えば、広島よりむしろ大阪ではという声もあろう。確かに古くから「江戸の八百八町、浪華《なにわ》の八百八橋」と喩《たと》えられたように、かつての大阪は、橋や川の多さでは全国屈指。ただ、その大部分は水運のために毛細血管のように張り巡らされた人工の運河だった。戦後は瓦礫処理のために、道頓堀川などを除き大半は埋め立てられ、今は地名にその名を残すだけの橋も多い。

　一方の広島は、今なお太田川の本流を含めて６本の川が市街地を流れ、中国山地を源流とする豊かな水流が一帯を潤す。川辺を活かした緑地や公園は、市民の憩いの場だ。

　戦後、元安川と旧太田川に挟まれた三角州に、平和

古い電車は座席と運転席の近さも魅力だ。アナログで無骨な機器類を操作する運転士の様子は、見ていて飽きない。

記念公園が整備された。ここから見える相生橋を、新旧様々な路面電車がゴトゴトと音を立てて渡る。政令指定都市クラスで市内交通の中心に路面電車を据えているのは、ここ広島と岡山、熊本くらいだろう。広島では1970年代に地下鉄建設の構想もあった。しかし河口の三角州という軟弱地盤は難工事と費用の高騰が予想され、断念の一因となった。広島電鉄と行政、警察が協調して路面電車の存続を模索したことが、大きな力になったことは言うまでもない。

宮島、原爆ドーム、広島東洋カープと並んで、今や広島観光の重要なアイコンとなっている路面電車。地元では親しみを込めて「広電」と呼ばれている。新型で快適な連接車も多く走るようになったが、その中に交じって徐々に数は減らしつつあるものの、昭和生まれの古い車両も頑固オヤジのようにどっこい健在だ。被爆を経験した希少な車両も現役で運行されているほか、京都や大阪、福岡などで活躍し、廃止後は広島で第二の人生を歩んでいる車両もバラエティ豊か。ノスタルジー漂う車両が元気なうちに訪れておきたい。

では、広島の水辺の風景と橋に着目しながら広島駅から宮島口まで乗ってみよう。広島駅南口は２０２５年夏の完成を目指して、現在大規模な再開発が行われている。新駅ビルの建設と、広電の駅ビルへの高架乗り入れのための線路付け替え工事である。それにより従来の的場町から猿猴橋町《えんこうばしちょう》を経て広島駅に至るルートが廃止となる。猿猴橋町周辺には昭和を感じさせる街並みや、被爆ポンプが残る。猿猴川に架かる荒神《こうじん》橋も、原爆の被害を乗り越え今なお現役の併用橋だ。機会があれば廃止になる前にカメラに収めておきたい。

先述した相生橋は、原爆ドームと平和記念公園を繋ぎ、広島のランドマーク的存在。橋の中央で南側の三角州へと分岐する、珍しいT字型の

支線的な扱いの白島（はくしま）線は、他線にはない独特の雰囲気がある。終点の白島電停もその一つだ。

橋だ。その特殊な形状から原爆の投下目標になったといわれている。被爆後も使用され続けたが、爆心地からの近さゆえ損傷は激しく1983（昭和58）年に架け替えられた。今では橋の下を流れる旧太田川を、縮《しゅく》景園《けいえん》を経て平和記念公園とを結ぶ水上タクシーが滑るように走り、観光客にも人気だ。

太田川放水路に架かる新己斐《しんこい》橋も見逃せない。全長は広電沿線で一番長い280m。ここは広電と川の風景の中でも、私のお気に入りの場所だ。特に夕暮れから夜にかけての時間帯に、一つ上流側の己斐橋の歩道橋からの眺めは絵になる。街の灯りや車のテールライトが川面に反射し、遠くには宮島の島影が浮かぶ。そんな中を広電のバラエティに富んだ車両が行き交う。広島の路面電車を最も象徴する風景ではなかろうか。

最後に、川の流れ着く海の風景を挙げておきたい。宮島にもほど近い地御前《じごぜん》付近からは車窓に広島湾が見え隠れしてくる。広島湾といえば牡蠣。ここ地御前は養殖牡蠣のブランド産地としても有名だ。実際に線路が最も海際を走る、地御前から阿品《あじな》東《ひがし》にかけては、牡蠣の抑制棚（養殖の前段階で稚貝を鍛えるための棚）を眺めることができる。

川は森の栄養を海に運び、魚介類が育ち、そこに暮らす人々は海の恵みを享受する。その一方で自然は時として猛威を振るう。広島の人々も度重なる水害に悩まされてきたが、戦後の復興とともに太田川放水路を整備して克服した。広島に暮らすということは、川辺に暮らすということ。広島の町を、電車に乗って、撮って、歩きながらいつも感じることだ。

究極のレモンサワーと牡蠣を堪能できる新感覚のスタンディングバー。

スタンディングのレベルを超える味わい

# mon-to.9　モントナイン

右から順に「先端」「ひろしま」「かき小町」と、いずれも大黒神島沖で獲れたブランド牡蠣。

「あたりなレモンサワーとあたらない生牡蠣」

店先の黒板にはこう書かれている。これは店名なのかキャッチフレーズなのか。一度は通り過ぎたものの、その文字が妙に心に引っかかって引き返す。

「いらっしゃい！」

笑顔の爽やかな若い男性スタッフが迎えてくれた。店の名前は「mon-to.9 モントナイン」だ。中はカウンターのみのスタンディングスタイル。メニューにはレモンサワーだけで７種類（８００円〜）が揃い、最高級のゴッドレモンサワーは１万円。驚愕の価格設定からも、相当に自信があると見た。悩んだ末に、１６００円のスーパーレモンサワーを注文。オーダーごとにブロックの角氷を丁寧に砕いている。これは期待大だ。薄張りのグラスを手にとると、爽やかなレモンの香りが鼻腔をくすぐる。レモンはもちろん広島産。口に含むと普段のレモンサワーとは明らかに違う。これは焼酎ではない。ジンだろうか。

「そうです。スーパーレモンサワーには廿日市《はつかいち》にあるSAKURAO DISTILLERY のジンを使っています」

**mon-to.9 モントナイン**

住所
広島県広島市中区堀川町3-8 ITEZA Ⅲ 1F

営業時間
月～木18:00～24:00
金～日17:00～24:00

定休日
不定休（詳細は公式インスタグラムから）

とスタッフが教えてくれた。リキュールまで広島産というこだわり。レモンとジンが、喧嘩することなく、お互いの良さを競い合う見事な協奏曲《コンチェルト》に仕上がっている。気になる1万円のレモンサワーだが、いったいどんな希少食材が使われているのか。ここでは種明かしせず、訪れてのお楽しみとしておこう。

　続いて、牡蠣の食べ比べだ。値段は変動するそうだが、3個を概ね2000円前後で提供しているとのこと。訪れたのは秋も深まる11月。この日は、1年ものの「先端」、2年ものの「ひろしま」、2～3年ものの「かき小町」という3つのブランド牡蠣が並んだ。特に「かき小町」の大きさに度肝を抜かれる。

「広島湾に浮かぶ無人島・大黒神《おおくろかみ》島《しま》沖の牡蠣です。生活排水が流れ込まず、中毒の原因となるノロウイルスがいないんです。それが『あたらない』理由です。塩分濃度が高い海で育っているので、何もかけずにそのままでどうぞ」

生牡蠣だけでなく、至高のレモンサワーとのペアリングに牡蠣フライもどうぞ！

と自信たっぷりに説明してくれた。子どもの握りこぶしほどありそうな超大粒の牡蠣を頬張ると、プリっとした食感とともに瀬戸内の潮の香りのような濃厚な旨みが口いっぱいに広がった。1年もののもかなりのレベルだが、この3年ものの牡蠣は次元が違う。大きいからと大味にならず、むしろ更に濃厚な味わい。この1個だけでも本当に広島に来て良かったと思えた。

　あのキャッチーな黒板がなければ入らなかったであろう。スタンディングスタイルでこれほどの極上レベルの牡蠣とこだわりのレモンサワーが味わえるとは、恐るべし広島グルメの一端を垣間見た。

0
500
1000m
横川駅
横川駅
白島駅
新白島駅
太田川
横川一丁目
東横INN
広島駅前大橋南
1
アストラムライン
城北駅
別院前
原爆ドーム前
広島城
p22
白島
家庭裁判所前
寺町
縮景園前
県庁前駅
p20
女学院前
観音町
十日市町
広島駅
広島駅
本川町
紙屋町東
猿猴橋町
2
紙屋町西
土橋
稲荷町
天満町
小網町
本通駅
本通
立町
八丁堀
的場町
胡町
銀山町
平和記念公園
西観音町
袋町
段原一丁目
舟入町
中電前
7
お好み焼・
藤川
3
比治山下
p24
舟入本町
市役所前
モントナイン
舟入幸町
鷹野橋
比治山橋
広島電鉄市内線
舟入川口町
日赤病院前
南区役所前
旧太田川
広電本社前
皆実町二丁目
御幸橋
舟入南
皆実町六丁目
4
江波
京橋川
元安川
広大附属学校前

3

2

1

# 広島

## 撮り呑み歩き

## MAP

❶荒神橋が電車で渋滞する風景も今夏まで　❷流川で飲んだ後は胡町の歩道橋から一枚　❸ホテルマイステイズの角部屋の窓から　❹江波車庫の裏手の江波皿山は桜の名所　❺広電唯一のトンネルが撮れるポイント　❻阿品東では牡蠣の抑制棚が見られる　❼筆者おすすめのお好み焼き藤川　❽鮮魚店の軒先で焼きたての地物のアナゴを購入

❽

❼

❻

❺

❹

松山

# 伊予鉄道

伊予鉄名物のダイヤモンドクロス。朝夕が絵になる風景だ。

# 伊予鉄で巡る坊っちゃんの足あと

松山への旅には、海路を選んだ。広島を出たフェリーは、呉に寄港したあと、ほどなくして音戸《おんど》の瀬戸と呼ばれる航路随一の難所に差し掛かる。両岸に岩肌が迫り、潮流が変わりやすい海峡だ。その昔、安芸守《あきのかみ》であった平清盛が一日で開削したとの伝説がある。一方で、元からの自然の地形という説もあり面白い。瀬戸内に浮かぶ大小の島を眺めながら、ここにはどんな暮らしがあるのだろう、島猫はいるのかな、などと思いを巡らせていると、2時間40分という乗船時間もあっという間。到着した松山観光港は、新幹線の駅や空港ターミナルを彷彿とさせるガラス張りのスタイリッシュな建築だ。最寄りの伊予鉄道高浜駅へは海沿いを歩いて10分ほど。シャトルバスも運行されている。将来的に高浜から港までの延伸構想があり、それを見越して高架駅の用地が確保されている。

伊予鉄道は、藩政時代からの外港である三津浜港と市街を結ぶ目的で、1888（明治21）年に三津〜松山（現在の松山市駅）間で開業した。四国最初の鉄道である。開業間もない頃の伊予鉄道は、夏目漱石の小説「坊っちゃん」の一節にも登場する。

…ぶうと云《い》って汽船がとまると、艀《はしけ》が岸を離れて、漕ぎ寄せて来た。船頭は真っ裸に赤ふんどしをしめている。野蛮な所だ。（中略）停車場はすぐ知れた。切符も訳なく買った。乗り込んでみるとマッチ箱のような汽車だ。

まさしく、坊っちゃんは三津浜港で船を降り、伊予鉄道に乗って松山の市街に向かったのである。「マッチ箱のような汽車」が、現在の伊予鉄道の観光列車

明治期から本四連絡輸送を支えた伊予鉄道。玄関口の高浜駅には、かつての栄華が偲ばれる。

梅津寺駅は全国でも屈指の海
から近い駅。ドラマでも有名に
なり、訪れる旅行客が絶えない。

暮れなずむ三津浜港への商店街。港は河口の砂嘴（さし）上にあるため、駅から1キロほど離れている。

「坊っちゃん列車」のモデルになっていることは、鉄道ファンなら周知の通り。伊予鉄道は開業4年目に三津から高浜まで延伸したあとに高浜港を整備し、広島宇品港との航路の誘致に成功。宇品高浜航路を介して、当時の山陽鉄道、官営鉄道と連絡運輸を行った。まさに東京・関西と四国を結ぶ大動脈の一翼を伊予鉄道が担っていたのである。その高浜港も戦後は手狭になり、1967（昭和42）年に松山観光港に幹線航路の座を譲った。

高浜でシャトルバスを降り、すぐには列車に乗らず何となく夕刻の港周辺を散策してみたくなった。発着場の小さな可動橋を額縁にして、対岸の興居島《ごごしま》が影絵のように浮かび上がっている。次々と出航する島行きのフェリーに帰宅客が足早に乗船する。港へと続く屋根付きのスロープと風格のある木造駅舎に、一時の殷《いん》賑《しん》を極めた名残りを感じた。駅に戻ると元京王の5000系が乗客を待っていた。車齢は人間で喩《たと》えるならもう還暦に近い。派手なオレンジ色の塗装はやや着心地悪そうにも見えた。

せっかくなので坊っちゃんが四国に足を踏み入れた地、三津浜港も訪れてみよう。三津駅から15分ほど歩く。18時を過ぎた頃だが、駅から港へと続く商店街は、ポツポツと灯る飲み屋を除いては今日の営業を終えたようだ。港に近づくにつれて少しずつ賑わいが出てきた。三津浜港は、旅客船の発着場だけでなく漁港や卸売市場もあり、船溜りには多くの漁船がひしめいている。港の両岸を行き来する市営の渡し船も健在だ。そろそろ体が冷えてきた。都会育ちの坊っちゃんに、「ほかの所は何を見ても東京の足元にも及ばないが温泉だけは立派なものだ」

と言わしめた道後の湯にでも行きますか。

高浜線を大手町で下車し市内電車に乗り換える。大手町は鉄道と軌道が直交するダイヤモンドクロスの駅。ガタガタガタと独特のジョイント音が響き、パンタグラフがアーク誘電でバチバチと青白く光る。かつては全国各地で見られた風景も、ここ松山に残るだけとなった。乗車した電車は市内電車でも最古参のモハ50形の初期型だ。木造の内装、青いシート生地、そして吊り掛けのモーター音。直角を描くお堀に沿うように、電車は右に左にカーブする。ライトアップされた松山城に、質実剛健な愛媛県庁舎。電車から眺める夜の街もまた楽しい。ちょっと飲みたくなったら、次の大街道《おおかいどう》で下車するのも良い。いや、それよりも先に温泉だ。

道後の湯に浸かったあとは、西堀端まで戻り、ビアバーで愛媛のクラフトビールを楽しむ。目の前のS字カーブを次々に往来する電車が最高のつまみだ。

市内電車では、車齢70年を超える車両が今なお現役。五感で懐かしさを感じたい。※撮影は2012年

広島のお好み焼きより生地が薄く、麺のパリッとした食感が三津浜焼きの特徴。

常連客で賑わうお好み焼き居酒屋

# お好み焼き　那須

三津浜港を散策した帰りの道すがら、ちょっと気になる店を見つけた。秋はもう終わろうとしているのに、店の扉は全開。中から威勢の良い松山弁が聞こえてくる。地元に愛されている店であることは間違いなさそうだ。ちょっと入ってみようかという衝動に駆られたものの、躊躇する。外から見える店内はほぼ席が埋まり、他所者が入る余地はなさそうに思えたからだ。

翌日、早い時間に伺うとやっぱりカウンターはほぼ満席。おばちゃんが忙しなくお好み焼きを焼いている。

「ちょっとここの荷物のけるけん、待っててね、お兄ちゃん」

お隣に座るご夫婦にちょっと席を詰めてもらった。

「何にする？　お好み、焼く？」

促されるままにお好み焼きと瓶ビールを注文した。

店主の〝おばちゃん〟こと、那須孝子さんは80歳を超えた今も現役。三津浜に店を構えて50年以上。旦那さんを亡くして、一時期店を閉めていたそうだが、常連客の励ましもあって再スタート。

自慢の麺を炒めながら、お好み焼きを調理する孝子さん。お客さんとの会話が楽しいとのこと。

**お好み焼き　那須**

住所
愛媛県松山市住吉
2-12-2
営業時間
9:00-21:00
定休日
不定休（月２回程）
電話番号
089-952-5914

「最近は三津浜焼きなんて言われとるけど、そんなの流行る前からやっとる普通のお好み焼きよ。そばだけはこだわりがあるけど」

と言いながら冷蔵ケースから麺を出し、大きな湯釜にドボンと入れる。麺は必ず注文を受けてから一玉ずつ茹でるそう。生地は鉄板でギリギリまで薄く伸ばして、その上にソースで炒めた麺をのせる。あとはたっぷりのキャベツや肉、そして紅白のちくわを入れるのが三津浜流。ソースは優しめの味付けだが、魚粉の風味が強いのでこのくらいが酒のアテにはちょうど良い。肝心の麺は、中のモチモチ感と外側のパリッとした食感がダブルで楽しめて美味い。

「昔は朝から漁を終えた漁師さんが来てね、夕方の５時くらいまでずーっと飲みよるんよ。ビールを配達する酒屋さんもビックリしてたわ。でもあの頃に比べると、今はおとなしくなったね。最近は燃料代も上がって漁師さんたちも景気悪いのかもしれんね」

「ちょっと今、これ作ったから食べる？」

揚げたばかりのアジに特製の甘酢をかけた一品だ。「出来立ての南蛮漬けも美味しかろ」

にこにこ顔のおばちゃんに向かって大きくうなずき、夢中で頬張る。一品料理はその日の仕入れによって決めるという。港も市場も近いことから、パッパッの新鮮な刺身からローストビーフまで何でもあり。お好み焼き屋というより色んなものが食べられる居酒屋だ。おばちゃんの明るい人柄もあって、店内は常に笑い声が絶えない。

おばちゃん、いつまでもお元気で！

ほぼ素揚げに近い大ぶりのアジ。特製の甘酢がかかった熱々の南蛮漬けはビールに合う。

# 松山
## 撮り呑み歩き
## MAP

❶ホテルマイステイズの城側の客室から　❷坊っちゃん列車の方向転換が見られる　❸松山城をバックに撮れる定番ポイント　❹愛媛県庁舎は松山のランドマーク　❺フレンドリーな坊っちゃん列車の車掌さん　❻城北線沿線の公園に咲く桜　❼S字カーブをゆく路面電車を眺めながらのクラフトビール　❽レトロな喫茶店からのトレインビュー

0 500 1000m
高浜駅
p32
p33
梅津寺駅
港山駅
伊予鉄道高浜線
p36
お好み焼き
那須
三津駅
山西駅
伊予鉄道高浜線
JR予讃線
松山駅
JR松山駅前
宮田町
古町
萱町六丁目
本町六丁目
木屋町
高砂町
本町五丁目
本町四丁目
本町三丁目
本町二丁目
清水町
松山城
市役所前
南堀端
西堀端
大手町駅前
大手町駅
p30
BOKKE
松山市駅
珈琲専門館珈琳
（かりん）
伊予鉄道郡中線
土橋駅
伊予鉄道横河原線
松山市駅
1
2
3
6
7
8

⑧

⑦

⑥

# 高松琴平電鉄

朝焼けの志度湾沿いを走る志度線の列車。琴電の中でも海の間際を走るのはこの区間だけだ。

おむすび形が印象的な堤山（羽床富士）の麓を走る電車は、京急からの譲渡当時の塗装を復刻した車両だ。

## 讃岐路に　轟く乾いた　鉄の音

瀬戸内の島々と、きらきらと輝く海の水面《みなも》が、左右両側の車窓に広がる。瀬戸大橋線を走る特急「南風《なんぷう》」からの眺めは見飽きることがない。どことなく懐かしい景色に見えるのは、トラスの橋桁が連続して遮ることで、8ミリフィルムの映写機のようなシネマティックな効果が加わっているからだろうか。四国に上陸し5つ目の停車駅、琴平で下車し、高松琴平電鉄（以下、琴電）に乗り換えることにする。ホームに進むと、懐かしい元京急の1000形が迎えてくれた。

香川県を訪れて、いつも目を引かれるのは、特徴的な田園風景だ。車窓の遠景にゆったりと流れるのは、漫画に出てくるようなおむすび形の山々。近景に目をやると、潤いを感じさせる田んぼや川は少ない。風が吹けば土ぼこりが立ちそうな乾いた大地に、小麦畑と大小の溜池が点在する。瀬戸内式気候と一言で言えばそれまでだが、やはり目と鼻と耳と肌で、その土地の空気感を感じ取るのも旅の醍醐味の一つだと思う。

昭和の風情が色濃く残る片原町駅。中心市街地の北端にあたりかつては赤線もあった。

琴電のスパルタンな乗り心地は、私の胃袋に絶えず適度な刺激を与えている。鉄道で旅をすると、さして運動もしていないのに、やたらと腹が減る。科学的な根拠はないと思うが、乗車中のリズミカルな揺れに、脳が運動していると勘違いして「食え」と命令するのだと私なりに解釈している。通勤電車や新幹線でこの現象は起きないのに、地方の列車ほど腹が減るのもそのせいだろう。などとたわいない考えにふけるうちに、列車は琴平町を抜けて綾川町《あやがわちょう》に入った。ここは讃岐うどん発祥の地とされており、沿線には個性豊かな製麺所やセルフのうどん店も多い。五感でまだ出番のなかった舌が、そろそろ讃岐うどんを欲しているようだ。途中の羽床《はゆか》駅で降りて、お気に入りのうどん屋に寄ることにしよう。

各地の街を訪れ鉄道を撮り歩く際、私はまず活動の軸となる地点をどこに置くかを決める。それは繁華街であったり、路線が交わる要衝であったりと、街によって変わる。例えば、同じ四国の松山なら、ターミナルである伊予鉄道の松山市駅だ。郊外電車の拠点であり、路面電車に乗ればJR松山駅にも、繁華街である大街道《おおかいどう》にも容易にアクセスできる。高知の場合は、はりまや橋。南北の路面電車の十字路でアーケードのある繁華街も近いからだ。

一方、ここ高松は訪れる度に、いつも起点を決めあぐねる。JR高松駅は宇高《うこう》連絡船時代は四国の玄関口であったが、今は離島便のみ。繁華街へは徒歩15分ほどの距離がある。琴電の始発駅の高松築港《ちっこう》駅もJR高松駅同様、繁華街へは遠く、その先のルートも中心市街地を外周するかのように走る。琴電の全路線が交わる瓦町《かわらまち》駅は、路線の要衝という意味では中心駅になり

万葉集の枕詞「玉藻よし」にちなんだ玉藻城の呼び名でも知られる高松城。堀端のすぐそばを琴電が走る。

得るが、駅ビルからのそごうの撤退以降、活気に欠ける。つまるところ高松の繁華街である丸亀町エリアへは、どの駅からも微妙に遠くアクセスしづらい。だからなのか、高松の街には、箸で持ち上げようとしてもつるりと滑る讃岐うどんのように、何とも掴みどころのない印象がある。しかし、はっきりとした中心駅がないという曖昧さが、逆に高松という街の面白さであったりもする。

例えば、片原町《かたはらまち》駅。高松築港と瓦町という二つのターミナルの間にあり、繁華街に繋がるアーケードに直結しているものの、北端にあたるため、朝夕以外は閑散としている。60年以上前に建てられたスーパーと合造の駅舎が生活感をより一層漂わせる。IC対応の改札機を抜けた先に、有人の構内踏切というギャップも興味深い。片原町は琴平線と長尾線の両路線が走っており、ラッシュ時は列車本数も多く、踏切が一度閉

志度線の終点、志度駅では古い木造駅舎が迎えてくれる。名古屋育ちの車両も居心地良さそうだ。

じると結構待たされる。駅のすぐ南側にも、大きなアーケードを横切るように踏切があり、高松の暮らしの中にある琴電の魅力が伝わってくる。

琴電の始発駅である高松築港駅も味がある駅だ。文字通り港に近く、高松城の堀端をL字型に廻り込んだ先に駅がある。高松城は日本屈指の海城として知られ、堀には瀬戸内の海水を引き込んでいる。そのためホームからは、お堀を悠々と泳ぐタイやフグなどの海水魚を観察できる。かつての駅舎は琴電本社ビルとホテル、レストランを兼ねた堂々たるターミナルだったが、JR高松駅への延伸計画もあり取り壊された。その後の琴電の破綻や景気低迷により、延伸は白紙のままだ。始発駅でありながら鄙びた雰囲気はこのままで残っていてほしい、というのが個人的な思いだ。

瓦町から志度《しど》線に揺られること30分。終点の志度に近づく頃、車窓からようやく海を眺めることができた。瀬戸内海に通じる志度湾は波風もおだやかな印象。遠くに見える陸地のような大きな島影はオリーブで有名な小豆島だ。志度で降りて2駅分を徒歩で戻りつつ、漁港の海沿いの風景をスナップしがてら眺めを楽しむことにした。これまで、乾燥でひび割れしたような土地を車窓から見てきたせいか、湿った潮風が肌に心地良い。この辺は牡蠣小屋も人気のようで、炭火と牡蠣のエキスが混じった匂いが食欲を煽る。そろそろ瀬戸内の魚介と地元の酒で旅を締めようか。房前《ふさざき》駅に着く頃には、旨い酒と魚への期待で自然と足早になっていたようだ。

ハマチ、ハモ、じゃこ天など瀬戸内の海の
幸と、香川の銘酒「悦凱陣」でまずは一杯。

瀬戸内の恵みと創作讃岐うどん

## 讃岐つけ麺　寒川

オリーブの葉を飼料に混ぜることでハマチの肉質がアップ。天然物に負けないくらいの身の締まりだ。

讃岐うどんのお店は大抵、朝10時頃に開店し、お昼を過ぎて麺がなくなると閉店という形態が多い。私も香川を旅すると、昼はうどん、夜に瀬戸内の魚か骨付鳥で一献ということが多いのだが、時には夜にもうどんを食べたくなる。そんな日に打ってつけなのが「讃岐つけ麺　寒川《さんがわ》」。夜のみの営業で、居酒屋的に酒で一杯やりながら〆にうどん、という楽しみ方ができるお店だ。

高松出身の店主・寒川誉仁《さんがわたかひと》さんは、東京の居酒屋で10年以上経験を積みながら全国の旨い料理を研究し、改めて讃岐うどんの素晴らしさに気づいたという。40歳を前に帰郷し、満を持してここ高松の繁華街に自店を構えた。

まずは宇和島産じゃこ天、そして刺身には香川のブランド魚であるオリーブハマチ、更に地物ハモの天ぷらという、瀬戸内のクリーンアップ打線で始めるとしよう。

酒は地元香川・琴平の酒蔵、丸尾本店が醸す「悦《よろこび》凱陣《がいじん》　阿州山田錦　純米無ろ過生酒」をすすめてくれた。すっきりとした辛口の味わいで酸味と甘味のバランスが良い。イワシの骨の髄まですり込んだじゃこ天と相性も抜群だ。オリーブハマチは香川特産のオリーブの葉を飼料に混ぜ込んで養殖されたハマチ。臭みがなく、養殖物とは思えない引き締まった身の食感が特徴だ。続いてはハモ。夏が旬と思われがちだが、冬場は脂が乗り、天ぷらにするとふわっとした食感が際立つ。「悦凱陣」は辛口の中にも柑橘を思わせる芯が通ったような酸味があり、揚げ物を堪能したあとも口の中がさっぱりとする。寒川さんのソムリエのような絶妙な酒のセレクトに思わず感嘆した。

そして〆はもちろん、うどん。寒川さんによる完全手打ちだ。かけうどんにも心惹かれるが、ここは、つけ麺をウリにしている寒川さんなので、「京鴨とネギのつけ麺」をいただくことにした。茹で上がりまで待つこと15分。ツルツルとした眩い光沢の麺は、つけ汁につけるのが勿体無く思えるほどの美しさ。いざ、厚切りの鴨肉とネギの海に潜らせて口に運ぶと、いやはや。この麺あっての、このつけ汁。うどん用に見事にチューニングされた濃い目の甘い味付けが、麺の個性を一層引き立ててくれる。旨いうどんに魚介に地酒。香川の食の魅力がぎゅっと凝縮されたような一軒だ。

**讃岐つけ麺 寒川**

住所
香川県高松市鍛冶屋町
4-16 SOUGENビル1F
営業時間
19：00 ～ 24：00
定休日
日曜・月曜
電話
087-826-7505

店主が毎日手打ちする麺は、艶やかでどこまでも美しい。鴨肉とネギのつけ汁でいただく。

女木島
瀬戸内海
屋島湾
0
2
4km
琴電志度線
八栗ケーブル
六万寺駅
八栗駅
古高松駅
琴電屋島駅
潟元駅
春日川駅
沖松島駅
松島二丁目駅
今橋駅
高松築港駅
高松駅
片原町駅
JR予讃線
昭和町駅
瓦町駅
花園駅
栗林公園北口駅
栗林公園駅
栗林駅
三条駅
木太町駅
屋島駅
古高松南駅
八栗口駅
讃岐牟礼駅
八栗新道駅
大町駅
塩屋駅
房前駅
原駅
琴電志度駅
志度駅
p42
p47
4
林道駅
木太東口駅
元山駅
伏石駅
水田駅
西前田駅
太田駅
オレンジタウン駅
JR高徳線
造田駅
高田駅
琴電長尾線
池戸駅
仏生山駅
一宮駅
空港通り駅
農学部前駅
平木駅
学園通り駅
白山駅
井戸駅
公文明駅
長尾駅

3

2

1
片原町

# 高松
## 撮り呑み歩き
## MAP

❶片原町のアーケードを横切る琴電　❷小さな祠と桜の木が印象的　❸和洋折衷の木造駅舎に丸ポストが似合う　❹房前付近では車窓いっぱいに海が広がる　❺撮影の合間にクラフトビールはいかが　❻乗車、撮影、うどんが琴電の楽しみ方３点セット　❼讃岐の冬の定番しっぽくうどんは素朴な味わい　❽筆者イチオシ店。オススメは釜玉うどん

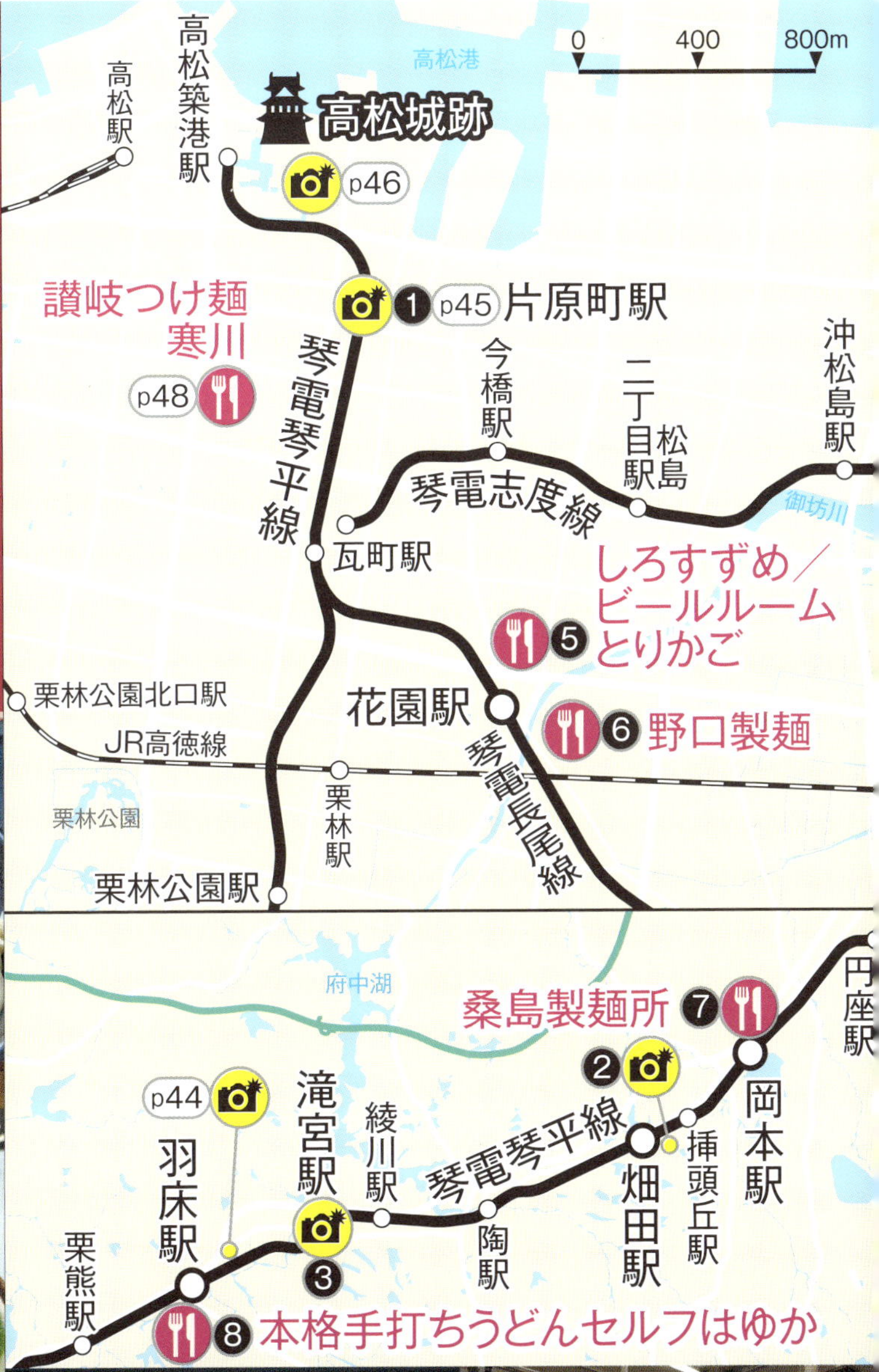

# 福井鉄道・えちぜん鉄道

麦や稲の休耕田には菜の花が植えられている場所もある。築堤の芝桜も色彩のアクセントに。

足羽川を彩る桜並木。樹齢70年を超える大木も多く、そのスケールは日本一といっても過言ではない。

## 越前の　晴れやかな風に　触れる旅

　個人的な話だが、会社員時代に1年だけ石川県に住んでいた。その間に、仕事でもプライベートでも北陸三県はよく巡った。今の北陸びいきがあるのも、その影響なのだろう。各県の印象として、石川は大都会の金沢を擁し、いかにも北陸の雄といった存在感であったし、富山は屏風のような立山連峰がどこからもよく眺められて、誇りが伝わってきた。一方、福井はどうだろう。近年の恐竜推しは凄いが、他の二県と比べるとどこか控え目な雰囲気を当時から感じていた。抑揚がなく平板で柔らかな福井弁も、そのような印象を与えるのかもしれない。だからこそ、のんびりとした空気が好きで、福井にはよく訪れた。

　福井県内には、現在JRを除いて三つの民間鉄道の路線がある。一つは、北陸新幹線の敦賀延伸と同時に並行在来線である北陸本線を第三セクター化した、「ハピラインふくい」。そして福井から南下して、鯖《さば》江《え》、武生《たけふ》方面に向かう「福井鉄道」。もう一つが、福井から東の永平寺・勝山方面と、北の芦原《あわら》温泉・三国《みくに》港《みなと》方面に向かう、「えちぜん鉄道」だ。今回はその中から、福井鉄道（以下、福鉄）と、えちぜん鉄道（以下、えち鉄）を紹介しよう。

　この本の読者の中に、初めて福井を訪れようと思っている方がいらっしゃたら、桜が咲く季節をおすすめしたい。特に福鉄の沿線には桜の名所が多く、乗って車窓から愛でるも良し、沿線から撮るのも良しと、楽しみ方が広がる。まずは福井駅停留所からたけふ新駅行きに乗ろう。巨大な恐竜のモニュメントに見送られながら、足羽《あすわ》川に架かる幸《さいわい》橋を渡る。ここからは〝日本一の桜並木〟と福井市が喧伝する足羽川桜並木が見える。植樹から70年以上を経た桜の木はどれも巨木で、そのスケール感は見応え十分だ。夜にはライトアップされて桜祭りも開催される。

その後、電車は併用軌道を南下し、赤十字前から専用軌道となってスピードアップ。沿線東側には、麦畑が広がる。桜の頃はまだ青い穂をなびかせているが、麦秋と呼ばれる5月下旬の収穫期になると穂も垂れて、黄金色に色づき始める。ここ福井県は、六条大麦の生産量が日本一で、全国シェアは4分の1に上る。朝早い電車に乗れば、逆光に輝いてどこまでも広がる黄金色の絨毯を堪能できる。

鯖江市に入るともう一つの桜の名所、西山公園がある。駅名もズバリ、西山公園。ツツジの名所としても知られている。ソメイヨシノが咲き誇る春には、国道沿いの歩道近くから桜の山をバックにカーブを駆け抜ける電車を撮影できる。福鉄の車両「フクラム」や、えち鉄から乗り入れる「キーボ」などカラフルなLRV型電車が春爛漫の福井の風景を彩ってくれる。

福井市も郊外になると田園風景が広がる。六条大麦の生産量で福井県は日本一を誇る。

カラフルなLRV型電車に交じり、ドイツ生まれの車両も「レトラム」として春から秋の土日を中心に走る。

新幹線の開業に先立ち、2018年に新駅舎に生まれ変わったえち鉄の福井駅。コンコース、高架のホームとも、建材には福井県産のスギがふんだんに使われ、ナチュラルな風合いが心地良い。全面ガラス張りの壁面から差し込む春の光がホームを優しく包んでいる。新しく清潔な駅は旅気分を盛り上げてくれる。そんな、ふわりとした空気を取り込んで、勝山行きの列車は福井駅を静かに発車した。高架を降りて、タタンタタンと大地を踏み締めるレールの音が聞こえ出した頃から、アテンダントによる車内巡回が始まる。乗客一人一人に声をかけ、降車する客には「お気をつけて」と言葉を添えて見送る。

福井駅を除くと年季の入った木造駅舎が多いのも事実だが、どの駅も純白にペイントされて古さを感じさせない。駅舎内も清潔に保たれ、住民が率先して清掃する駅もあるとのこと。地域の財産として大切に使われている様子が伝わる。

今から20年以上前、沿線住民にマイレール意識を目覚めさせるきっかけとなった出来事がある。前身の会

勝山市など奥越地方の春は遅い。桜が咲く頃も、まだ山にはたっぷりと雪が残る。

社が半年間に2度の正面衝突事故を起こし、2001年に運行停止命令が下されたのだ。住民は代行バスやマイカー利用という不便を強いられた。結果、深刻な交通渋滞が発生。とりわけ積雪時は福井市内に繋がる道路は麻痺状態だったという。鉄道の復活を望む住民の声は日に日に高まり、2003年、福井県と沿線自治体の出資による第三セクターの鉄道として再出発した。その際、サービス面を向上するために採用されたのがアテンダントの乗務であった。

途中の松岡駅で降車しようとすると、アテンダントさんが声をかけてくれた。

「バスをご利用ですか」

駅から大学病院へのバスが出ているようだ。実は、私が向かっていたのは、日本酒「黒龍《こくりゅう》」の蔵元。歩いて8分ほどの場所にあり、併設の酒店で購入もできる。行先を伝えると、

「美味しいお酒ですよね、私も好きです。お気をつけて」

やはり福井訛りの声は癒される。蔵元に向かう足取りもなんだか軽くなったような気がした。

上庄里いも煮、たくあん煮など福井のおふくろの味が並ぶ。

日本海の海の幸を堪能

# 味処　庄屋

二代目オーナーの岡本憂子さん。従業員や常連客から「ママ」と呼ばれ慕われている。

旅の楽しみの一つは、訪れた土地の味覚に触れることだ。そこに旨い地酒があれば楽しみは更に倍増する。一方で、長旅になると、時には家で食べるような普段着の料理を体が求める日もある。

福井駅前の「庄屋」は、そんな日にもぴったりの居酒屋。気取らない、でも丹念に調理された福井の家庭の味に、身も心もほっと満たされる。ここ最近は、福井を旅すると必ず立ち寄る店だ。

訪れた冬のこの日は、生憎しばらく日本海が荒れていて市場にも目ぼしい魚がなかったそう。

「今日はお魚、アジくらいしかないんですよ。カニも山陰ものしかなくて。あと1週間もすれば、水ガニが

越前カレイにハタハタの一夜干し。魚は岡本さんが毎日市場に通い仕入れている。

**味処 庄屋**

住所
福井県福井市中央
1- 12- 3 ガレリア元町

営業時間
16:30 ～ 22:00
(L.O.21:30)

定休日
毎週日曜、第2・第4月曜

電話番号
0776-23-0915

あがるんですけどね」

と「庄屋」二代目の岡本憂子さんが申し訳なさそうに言う。

「大丈夫ですよ。里いも煮とお揚げを食べたいんで」

と伝え乾いた喉をビールで潤し、さっそくこの2品を味わう。里いも煮とは、福井県大野市上庄《かみしょう》地区特産の「上庄さといも」の煮っころがしのことだ。雪解け水と盆地特有の寒暖差に育まれた、独特のねっとりとした食感とほど良い甘みが口いっぱいに広がる。お揚げとは、福井の油揚げのこと。一般的な厚揚げよりも分厚く大きいが、中はふっくらとした食感で大根おろしとの絡みもいい。そしてもう一つ、たくあん煮を初めて頼んでみた。

「たくあんの古漬けを塩出しして、もう一度醤油などで炊くんです。子供の頃は、炊いている時の古漬けの匂いが苦手で…」

と岡本さんが笑いながら出してくれた。古漬け特有の酸味が抜けて、繊維質もほぐれて軟らかい。甘辛い味付けで酒のアテにいい。ご飯にも合いそうだ。

魚も、ないないと言いつつも、岡本さん自身が毎日市場に出向いて仕入れているだけあって、甘エビ、越前カレイ、一夜干しのハタハタと福井らしい魚が揃っていた。「黒龍」や「花垣」など大好きな地酒も多くいつも迷う。

創業は1977（昭和52）年で、50年の節目も近い。客層も少しずつ変化し、それに合わせてメニューも変えているという。特に、新幹線が福井まで伸びた効果は大きく、関東や外国からのお客が増えたとのこと。以前と比べて「お母さんの一品」や「今日のおばんざい」など、岡本さんらしいメニューが徐々に増えている。次は桜の花が咲く頃に訪れようか。桜鯛、メバルなど春の魚が食べられることを楽しみにしながら、大好きな「黒龍」を飲み干し余韻に浸った。

0
2
4km
九頭竜川
えちぜん鉄道勝山永平寺線
観音町駅
松岡駅
永平寺口駅
山王駅
越前竹原駅
保田駅
発坂駅
p59
勝山駅
1
えちぜん鉄道三国芦原線
田原町
福大前西福井駅
西別院駅
まつもと町屋駅
オレンジBOX
フェニックス
6
OUR BREWING
(アワーブルーイング)
8
福井鉄道福武線
仁愛女子高校
一乗谷駅
福井口駅
福井城
福井駅
ハピラインふくい
えちぜん鉄道
勝山永平寺線
新福井駅
2
足羽川
福井城址大名町
p56
福井駅
7
越前蕎麦倶楽部
味処 庄屋
p60
北陸新幹線
足羽山公園口
0
400
800m

3

2

1

# 福井

## 撮り呑み歩き

## MAP

❶田原町の歩道橋からフクラムを狙う　❷電車通り沿いのホテルの窓辺から　❸誠照寺の大きな屋根瓦が印象的な鯖江の街　❹木造の旧駅舎が残る永平寺口駅　❺保田駅は雪山と桜がセットで撮れる　❻福井の人気弁当チェーン。名物ソースカツ丼もイートイン可　❼福井のもう一つの定番、おろしそば　❽福井駅前で楽しめるクラフトビール

# 富山地方鉄道

立山連峰を背景に常願寺川の橋りょうを渡る地鉄電車。白とグレーのカラーリングは県鳥のライチョウをイメージしている。

元西武鉄道の特急「レッドアロー」の車両が地鉄のローカル運用で余生を過ごしていた。

## 風土と歴史に映る富山人気質

東京駅を出発して1時間半ほど。北陸新幹線の車窓左手には、早くも波濤《はとう》のように連なった立山連峰がくっきりと見えてきた。その急峻《きゅうしゅん》な山脈から富山湾に一気に流れる川を、新幹線は次々に渡る。明治期に来日したオランダ人土木技師、ローウェンホルスト・ムルデルがこの流れを見て「これは川ではない、滝だ」と驚嘆したというのも納得だ。

富山駅で下車し、すぐさま荷物をロッカーに預け、カメラバッグ片手に富山地方鉄道（通称、地鉄）の電鉄富山駅へ急いだ。ここまで明瞭に立山が見える日はそうそうない。立山連峰をバックに地鉄が撮れる、越《えっ》中荘原《ちゅうえばら》駅近くの常願寺《じょうがんじ》川の河川敷にカメラを構えた。この川は季節によって流量の変動が大きく、雪解け期の4月頃になるとまさに滝のような流れになる。

明治から大正にかけて、化学者にして実業家として活躍した高峰譲吉《たかみねじょうきち》は、故郷の立山の豊富な水資源に着目。黒部川の電源開発と、その電気を利用したアルミ

富山港線の沿線には県花のチューリップや菜の花が植えられて風景を彩っている。

の精錬事業に取り組んだ。そして発電所建設の資材輸送のために黒部鉄道を設立。同社は後年、旅客輸送も行い、沿線のリゾート開発にも注力した。この黒部鉄道が、今目の前を走る地鉄の前身会社の一つだ。富山を訪れ、眼前にそびえる雄大な立山連峰を眺めるたびに思う。立山という自然の力を、エネルギーや産業、交通、観光と余すことなく活用してきた富山の人々の行動力や先見性はどこからくるものだろうかと。

富山市内には、地鉄が運行する路面電車も走る。富山駅は北陸新幹線の開業を機に高架化され、駅直下への路面電車の乗り入れを開始した。駅改札口を出ると目の前に、路面電車が発着する姿がガラス越しに見える。日本一、路面電車と乗り換えしやすい駅と言って良いだろう。ここから北に伸びる富山港線に乗車した。もとはＪＲの鉄道路線で、一部を路面電車化し第三セクターの富山ライトレールの路線として再出発。現在は地鉄によって運行されている。

富山駅を出た電車は林立するビルの間を併用軌道で

戦災復興のシンボルとして植樹された松川べりの桜。路面電車はここ桜橋と安住橋で２度松川を渡る。

現在の富山城は戦後の復興で建てられた模擬天守だ。城下には2009年に開業した環状線が走る。

富山の夏の一大イベント、神通川花火大会では路面電車が観客輸送にフル稼働する。

抜け、ＪＲから受け継いだ区間に入った途端に、最高時速60㎞へとスピードをグンと上げる。大きな窓に流れるパノラミックな風景はライトレール車両ならではで、それにスピードが加わった爽快感はこの路線でしか味わえない。線路脇に植えられたチューリップや菜の花が虹のように過ぎ去っていく。スピード感と言えば、２００３年にＪＲ西日本からＬＲＴ化を打診された富山市や県が、たった3年で開業させたことを思い出す。報道前から下準備はあっただろうが、同時期に構想が発表された岡山の吉備線の方は、20年を経た今も工事にすら着手できていない。ここにも高峰譲吉に通じる富山人の進取果敢な精神が見て取れる。

終点の岩瀬浜の二つ手前、東岩瀬で下車する。国鉄時代からの駅舎が保存され、待合所として活用されている駅だ。ここから10分ほど歩き、北前船《きたまえぶね》交易で華やかりし頃の街並が残る岩瀬地区へ向かう。岩瀬は加賀藩の直轄港として栄えた。米や薬などを積み出し、昆布や魚肥などを仕入れることで莫大な富を得たのが廻《かい》船《せん》問屋である。森家、馬場家、米田家は筆頭格で、全国の銘木や銘材をふんだんに使った豪奢《ごうしゃ》な屋敷や土蔵が当時の活況ぶりを物語る。今回8年ぶりに岩瀬を訪れて驚いた。当時はシャッター通りで寂しい雰囲気であったが、今はそぞろ歩く観光客で賑わいリノベーションされた店も多い。近年進められてきた街づくりの取り組みが実を結んでいるのであろう。コミュニティ施設に併設のカフェで、新名物の酒粕マカロンに舌鼓を打つ。岩瀬カナル会館発行の「岩瀬まち歩きまっぷ」には見どころがびっしりと書き込まれ、街を盛り上げようという地元の人々の思いが伝わってくる。

江戸時代以降、富山藩は加賀藩前田家の支藩となったが、水害や凶作、大火などで財政事情は厳しかった。そこで藩は米以外の産業を奨励し、その中で、製薬や売薬の事業が勃興《ぼっこう》する。いわゆる「越中富山の薬売り」の始まりだ。売薬に北前船交易と、富山の商人文化が江戸後期にかけて隆盛を極める。明治維新後も、その精神は連綿と受け継がれ、日本を代表する財界人らが富山から輩出された。

太平洋戦争では、地方都市としては最悪とされる甚大な被害を受けながらも、いち早く大規模な都市計画を実行。復興のシンボルとして富山城の模擬天守を建設し、城下を流れる松川沿いの桜並木も復活させた。春には、松川を渡る路面電車から、市民が思い思いに桜を愛でる。また8月には、富山の夏の風物詩、神通《じんづう》川の花火大会が開催され、当日は地鉄の路面電車も臨時便を出して見物客輸送に徹する。神通川を渡る富山大橋からは打ち上げ花火を眺めることができる。

帰りの新幹線の車窓から、夕陽に染まる立山を眺めながら、腑に落ちた気がした。あのびくとも動じない屏風のような立山の山容こそ、富山人の精神基盤なのかもしれない。人々は瀑布のような川の勢いに背を押され、どんな困難があろうともスピード感を持ってやり遂げる心意気を宿し、そこから創意工夫や先見性、進取の気性が生まれるのではないか。岩瀬で仕入れた「満寿泉《ますいずみ》」の酒を口にしながら思うのであった。

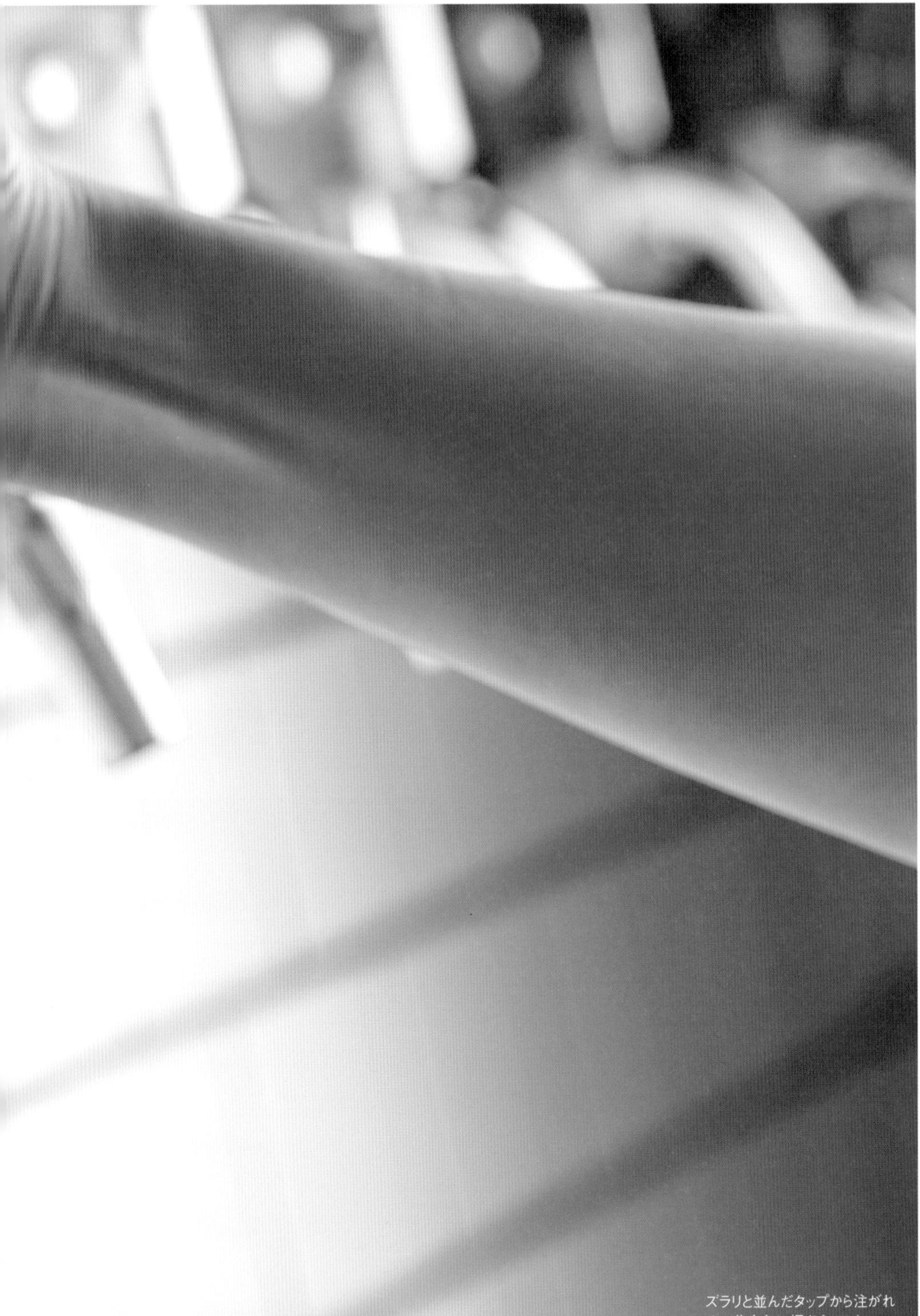

ズラリと並んだタップから注がれる、黄金色に輝くピルスナー。

散策ついでにクラフトビールで昼呑み

# KOBO Brew Pub

4種の飲み比べができるテイスティングセットで好みのビールを見つけてみよう。

写真のソーセージセット（3本）のほか、パテや自家製ピクルスなどビールに合うフードが多彩。

「岩瀬まち歩きまっぷ」の中に「クラフトビール」という魅力的な文字を見つけた。これは行くしかない。廻船問屋・旧馬場家の築100年の米蔵をビアパブとしてリノベーションした「KOBO Brew Pub」。オープンは2020年3月21日で、偶然にも富山駅で地鉄の南北の路面電車が繋がった日でもある。

店に入り、目を奪われるのが、見上げるほどに高い天井と立派な太い梁だ。馬場家の住まいだけでなく、この米蔵も国の有形文化財に登録されている。

そして中央のガラス張りスペースに鎮座するのはビールの醸造タンク。ここでは、酒税法上で発泡酒に分類されるパブ限定のビールを醸造し、通常のビールは同じ町内にある工場で醸造から瓶詰めまで行っているそうだ。

醸造家はチェコ出身のコチャスさん。母国での醸造経験を経て、奥能登にある醸造所からヘッドブルワーとして招かれて来日。そこで10年以上醸造に携わる中で、より自分らしいビールを造りたいとの思いを募らせるように。そんな折、「満寿泉」の酒で知られる岩瀬の桝田酒造店の五代目、桝田隆一郎さんと出会い、「ＫＯＢＯ　Ｂｒｅｗｅｒｙ」の設立に至ったという。当時、岩瀬の活性化に奔走していた桝田さんこそが、街づくりの取り組みを通して現在の賑わいを実現させた立役者でもあるのだ。

**KOBO Brew Pub**

住所
富山県富山市東岩瀬町
107-2

営業時間
11:00-18:00

定休日
火曜

電話番号
080-3047-9916

常時10種類前後が揃うビールから、最初の1杯には定番の「プレミアントピルスナー」を選んだ。ほど良い苦味とホップの爽やかな香り。チェコスタイルビールに馴染みがある人なら「ああ、これぞチェコのピルスナーだ」と感激することだろう。

せっかくなのでこのパブでしか飲めないビールをどうぞ、と店長の堂口理絵さんが次にすすめてくれたのが「ゆずラガー」だ。ピルスナーより苦味は控えめで、爽やかなゆずの余韻にうっとりと浸った。

「月に2、3度はコチャスさんが実際にここで醸造や管理などを行っています。仕込み作業中は本当に良い香りが蔵の中に漂うんですよ」

と堂口さん。フードは、富山市内のドイツハム・ソーセージ専門店「メッツゲライ・イケダ」製のソーセージ類が中心。「ＫＯＢＯ」のビールに合わせたここでしか味わえないオリジナルレシピのソーセージもある。

散策の合間にフラッと立ち寄って昼呑みを楽しめる使い勝手の良いお店だ。１００年の歳月を重ねた趣ある日本家屋と、そこに並ぶピカピカの醸造タンク。和と洋、新と旧が溶け合う不思議な空間が、心地良い酔いをもたらしてくれる。

0
1
2km
富山湾
岩瀬浜
競輪場前
Cobo Brew Pub
p74
p69
東岩瀬
萩浦小学校前
蓮町
(馬場記念公園前)
犬島新町
城川原
越中中島
粟島
(大阪屋ショップ前)
下奥井
奥田中学校前
富山地方鉄道富山港線
神通川
オークスカナルパークホテル富山前
インテック本社前
龍谷富山高校前(永楽町)
富山駅
電鉄富山駅
東富山駅
あいの風とやま鉄道
新富山口駅
新庄田中駅
東新庄駅
稲荷町駅
富山地方鉄道本線
栄町駅
富山地方鉄道不二越・上滝線
不二越駅
北陸新幹線
JR高山本線
p72
富山大学前
トヨタモビリティ富山Gスクエア五福前(五福末広町)
富山地方鉄道市内電車
県庁前
安野屋
丸の内
中町(西町北)
p70
p71
愛本駅
宇奈月温泉駅

# 富山

## 撮り呑み歩き

## MAP

❶松川べりでは安住橋を渡る電車も狙える　❷神通川の花火と折り返し待ちの電車　❸富山港線の立山を絡めるならココ　❹味わい深い草むした石積みのホーム　❺寺院風の2階建ての駅舎は唯一無二の存在感　❻周囲に遮る物がなく、すっきりと撮れる　❼木造駅舎、構内踏切、農協倉庫の3点が揃う　❽駅舎内の昭和レトロな広告も印象的

❶

②

③

❹

❺

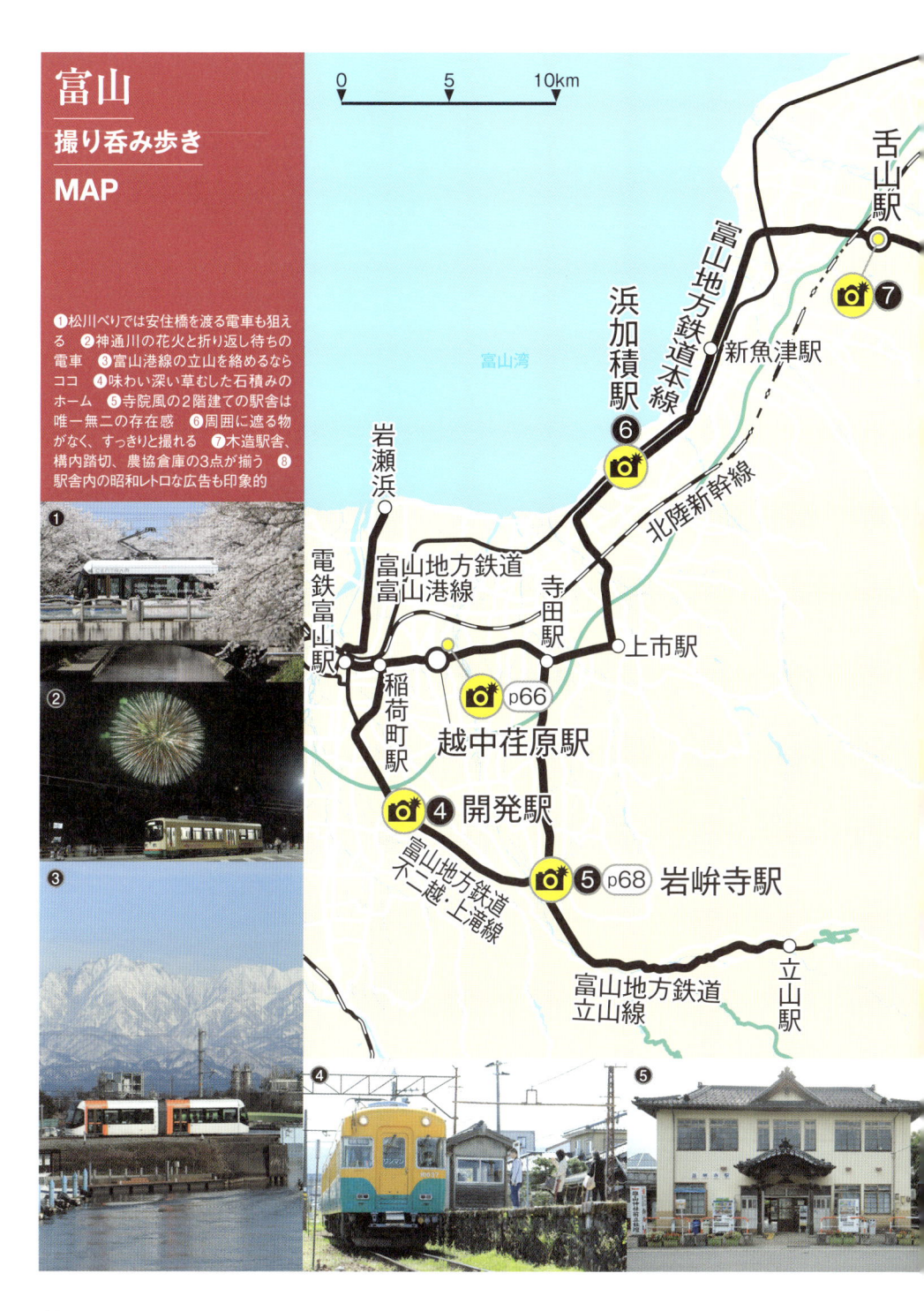

# 津軽鉄道・弘南鉄道大鰐線

津軽の冬の風物詩、地吹
雪の中を走るストーブ列車。

連打式の発車ベルが鳴り響く中央弘前駅のホーム。こんな風景が見られるのもあと3年だ。

## 太宰の帰郷を辿る旅

「ジリジリジリジリ…」

駅に鳴り響く発車ベル。ハンマーが物理的に叩く本物のベル音を聞いたのはいつ以来だろうか。古めかしい直流モーターの唸り声を上げながら、列車は中央弘前駅を発車した。ここ弘南鉄道大鰐《おおわに》線を走る車両は、元東急の7000系。「東横のれん市」などの懐かしい吊り革の広告もそのままに、東急時代よりも長い年月を津軽の地で過ごしている。

今年は久しぶりの大雪とのことで、この日も除雪作業が難航し始発は午前11時にずれ込んだ。ジョイント音も心地良い鉄路のゆく先は雪、雪、雪。線路上の除雪は済んだものの、沿線の駅のホームや踏切では、雪かきに励む鉄道マンの姿を多く見かける。豪雪地の厳しい気象条件の中でも、何とか鉄道を動かそうという熱い想いが伝わってくる。

大鰐線の終点、大鰐は古くからの湯治湯である大鰐温泉の最寄駅だ。大鰐温泉と言えば津軽出身の文豪、

津軽飯詰駅から眺める初夏の岩木山。かの太宰治も「透きとおるくらいに嬋娟たる美女」と喩えた。

太宰治も幼い頃に訪れた場所。自伝的小説「津軽」では、

…大鰐の思い出は霞んではいても懐かしい。（中略）ここは浅虫《あさむし》に較べて、東京方面との交通の便は甚だ悪い。（中略）昔の津軽人の生活が根強く残っているに相違ないのだから、そんなに易々《やすやす》と都会の風に席巻《せっけん》されようとは思われぬ。

と、同じ青森にある浅虫温泉と比較しながら、大鰐温泉を贔屓目で懐かしがっている。令和に入った今でも、温泉街には昭和レトロな趣きがそこかしこに見受けられる。太宰が実際に宿泊した「ヤマニ仙遊館」は今なお営業中だ。一方、大鰐線は利用者数減少を理由に２０２８年３月をもっての営業休止（事実上の廃止となる可能性が高い）が決まった。弘前から大鰐へは並走するＪＲ奥羽本線でアクセス自体は可能だが、大鰐線が健在のうちに、のんびりとした列車旅を温泉とセットで楽しんでみてはいかがだろう。

弘前に戻ったあとも雪は一晩中降り続き、翌朝は案の定、全ての鉄道がストップしていた。この日は五所

川原に向かう予定であったが、鉄路での移動は諦めた。幸いバスはこの大雪の中でも運行しているとのこと。バスと言っても乗降口は1つだけのかわいいマイクロバスだ。除雪もままならない凸凹道をパワフルなハンドル捌きでグイグイと進む。雪がやんだ空には時折日がさし、雲の間からは、ふんわりと白無垢をまとった岩木山《いわきさん》が顔を覗かせる。津軽富士で名高い岩木山は、もちろん「津軽」の中でも登場する。

…弘前から見るといかにも重くどっしりして、岩木山はやはり弘前のものかも知れないと思う一方、また津軽平野の金木《かなぎ》、五所川原、木造《きづくり》あたりから眺めた岩木山の端正で華奢な姿も忘れられなかった。

と語り、さらに金木からの岩木山について、こうも表現している。

…富士山よりもっと女らしく十二単衣《ひとえ》の裾を、銀杏の葉をさかさに立てたようにぱらりとひらいて左右の均斉も正しく、静かに青空に浮かんでいる。決して高い山ではないが、けれども、なかなか、透きとおるくらいに嬋娟《せんけん》たる美女ではある。

ダルマストーブに石炭をくべる車掌。網でこんがりと焼き上がるスルメの香りが客車内に充満する。

やはり太宰にとっては郷里、金木から眺める岩木山は特別な存在であったようだ。そんな嬋娟たる美女を津軽鉄道の車窓から望もうと思ったが、バスが五所川原に着いた頃には、はかなくも雪雲の中に消えていった。

年季が入った客車の車内に鎮座するダルマ型の石炭ストーブ。そのストーブを使って焼くスルメに地酒。アテンダントによる津軽弁の観光案内――津軽鉄道の冬の風物詩であるストーブ列車の魅力を挙げればキリがない。私が一番心惹かれるのは、夕刻の客車列車ならではの雰囲気だ。津軽中里駅《なかさと》を16時前に出発する、最終のストーブ列車。乗車する観光客の姿も少なめで、在りし日のローカル線の佇まいが存分に感じられる。列車が進むにつれて、車窓の雪景色は徐々に青みを帯び始めた。それと呼応するかのように橙色の室内灯が存在感を増す。やさしく、そして温かい光が、ニス塗りの木製の車体を鈍く照らす。聞こえてくるのはタタン、タタンとレールの継ぎ目の音くらい。ストーブのお陰で車内はちょっと暑いほどだが、窓枠からの冷たい隙間風がいい頃合いの清涼剤になっている。

そんな至福の体験ができるストーブ列車の唯一の難点は、別料金がかかる観光列車ゆえに、沿線の方々の利用が少ないことだ。旅先の列車内で聞こえてくる地元言葉もまた、旅の非日常性を増幅させる重要な要素。幸いストーブ列車にはストーブ券不要の普通車両も連結されている。津軽五所川原から津軽中里まで、往路は一般車両で、復路はストーブ車両という楽しみ方もできる。

翌日は五所川原を発ち、函館へと向かう。通常ならば、五所川原からJRか弘南バスを使って新青森へ行き、北海道新幹線に乗るところだが、今回は少し違った動きをしてみたい。津軽鉄道で津軽中里まで行き、そこから事前予約制の乗合タクシーで奥津軽いまべつ駅へ移動し、北海道新幹線に乗るというルートだ。片道切符で津軽中里へ向かうというのも新鮮な体験だ。津軽中里駅前のタクシー営業所では、既に1台のタクシーが暖機して私を待ってくれていた。

夕闇近づく雪原の青と、橙色の車内の灯りの対比が幻想的な最終ストーブ列車の車内。

ここから奥津軽いまべつ駅到着までの45分間は、あっという間だった。ドライバーの独演会状態で退屈する暇もないのだ。

「ほら、あそこを歩いてる人、ほっかむりしてるでしょ。最近ではあんな格好してる人少なぐなったよー」

「今走っている道は、元々は津軽森林鉄道の線路だったところなんです。山で切り出した木材を運ぶ貨車の一番後ろに客車が繋がれてて、私も小さい頃は小学校への通学に使っててねー」

「当時はまだ木材用のヒバの産出も盛んで、この先にあった営林署近くの官舎には東京から転校して来た子も住んでてねー。人気者であったなあ」

途切れることないサービス精神旺盛な喋りに楽しく耳を傾けながら、また「津軽」の一節を思い出した。

…その津軽人の本性を暴露した熱狂的な接待振りには、同じ津軽人の私でさえ少しめんくらった。（中略）この疾風怒濤《しっぷうどとう》の如き接待は、津軽人の愛情の表現なのである。

これぞ今に生きる津軽人ドライバーの客に対する「熱狂的な接待」なんだろう、とほっこりとした気持ちで津軽をあとにした。

貝焼き味噌や身欠きニシンの山椒漬け、十三湖産シジミのバター焼きなど。

### 旅人をもてなす　津軽人の心

# 味処　北大路

中泊町の小泊港で揚がったウスメバルの塩焼き。脂が乗りながらも淡白で上品な味わい。

最終のストーブ列車で津軽五所川原駅に到着したその足で、駅前通りの雪道を踏み締めながら歩くこと5分。雪夜に灯る「味処　北大路」の看板が見えてきた。

「いらっしゃい」

　柔和な笑顔で店のご主人、小林隆さんが迎えてくれた。生まれも育ちも五所川原という生粋の津軽人だ。

　突き出し代わりに、最初に出されたのが、身欠きニシンの山椒漬け。ニシンの内臓をとって干物にした身欠きニシンは、福島県会津地方の郷土料理として有名だが、ここ津軽でも干し鱈同様、雪国の保存食として重宝されている。噛み締めるほど滋味深い味わいで、山椒の華やかな香りに春の訪れを待つ津軽人の心が感じられる。

　カウンターの奥では、他のお客さん用の貝焼き味噌がグツグツとたぎっている。思わず「同じものを」と頼んでしまった。貝焼き味噌とは、帆立貝の殻を鍋代わりにして味噌をあぶり、卵でとじた料理。太宰治も「津軽」の中で、幼少の頃の思い出の味と綴っている。当時から今に至るまで津軽地方で愛される素朴な家庭料理だ。

　次の一品は魚にしてみよう。聞くと、今日は中泊町《なかどまりまち》の小泊《こどまり》港で揚がったメバルがあるという。店を構える前は鮮魚を扱っていたという小林さんの目利きならば間違いない。早速塩焼きでお願いした。魚が焼き上がるのを待ちながら、そろそろ日本酒を、と頼むと弘前・三浦酒造の「豊盃《ほうはい》」の特別純米酒を出してくれた。津軽を代表する銘酒の一つだ。一升瓶から注いでもらい、まず一口。王林りんごを齧った時のようなフルーティーな香りが鼻に抜ける。あたかも初夏の岩木

**味処 北大路**

住所
青森県五所川原市本町49

営業時間
17:00 ～ 23:00

定休日
日曜

電話
0173-35-4003

山の裾野に広がる、満開の花を咲かせたりんご畑にいるような爽やかさだ。それでいて後味にはどっしりとした土性骨が感じられる。やはり「豊盃」は旨い。残ったニシンをつまみながらチビチビやっていると、メバルが焼き上がったようだ。

小泊で獲れるメバルは主にウスメバルという種類で、オレンジがかった魚体が特徴。春に旬を迎えることから、青森では「春告魚《はるつげうお》」としても親しまれている。そういえば、小説「津軽」のラストシーンは、春の小泊、桜の木の下だ。大鰐に始まり、弘前、五所川原、金木と太宰を辿ってきたこの旅。メバルに満開の枝垂れ桜を映しながら、例年以上に待ち遠しい津軽の春を思う夜であった。

旅人がいつしか常連客になるというのも「北大路」の主人のお人柄か。

# 津軽

## 撮り呑み歩き

## MAP

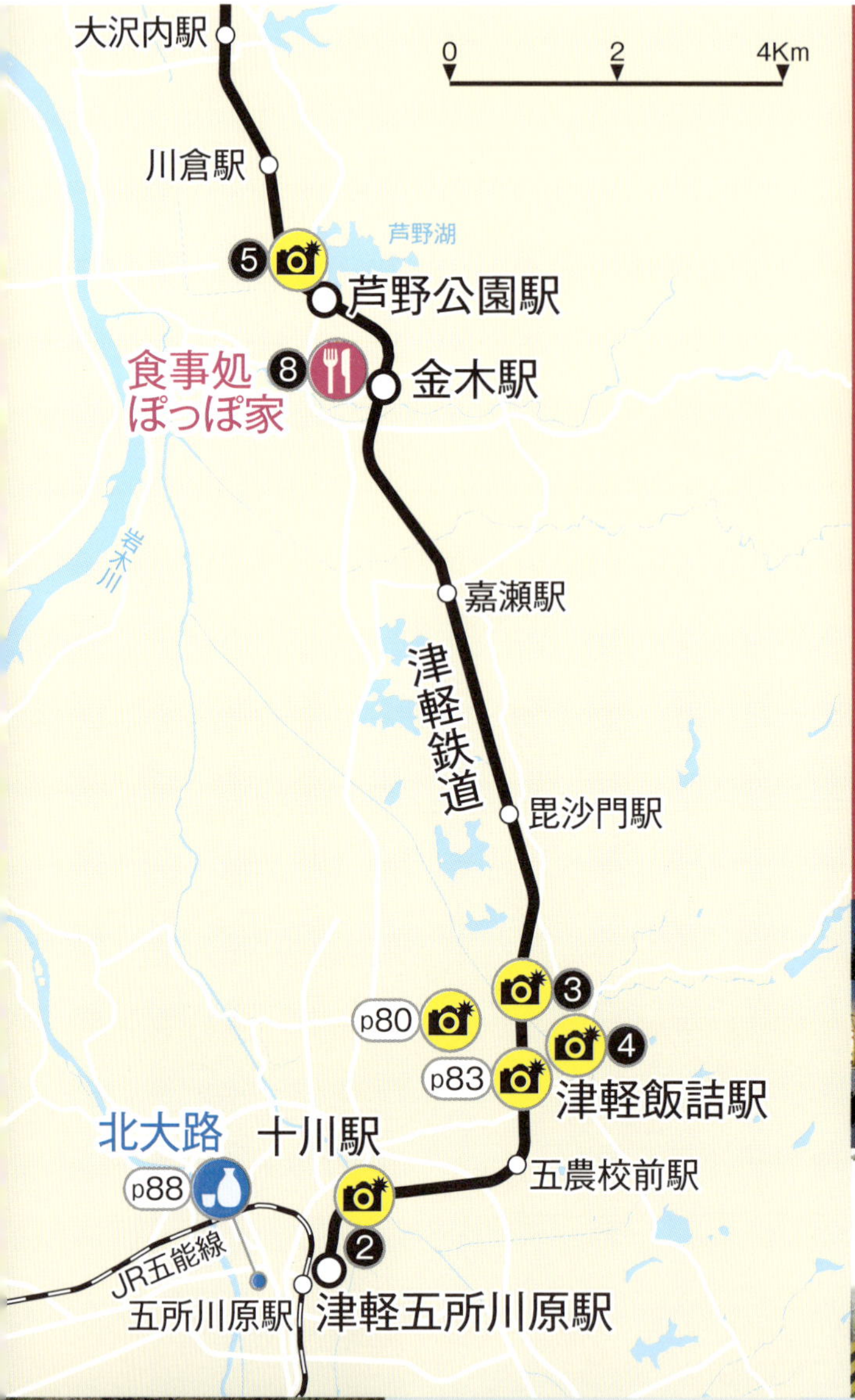


❶繁華街の裏路地にひっそりと佇む ❷客車の後追いと桜並木が絵になる ❸雪煙を巻き上げながら飯詰川を渡る ❹岩木山をバックに撮れる津鉄随一のスポット ❺芦野公園は桜のトンネルが列車を迎える ❻大鰐温泉名物のもやしたっぷりのラーメン ❼人気の「津軽の弁当」は弘前駅で購入可能 ❽十三湖のしじみが入った金木の名物ラーメン

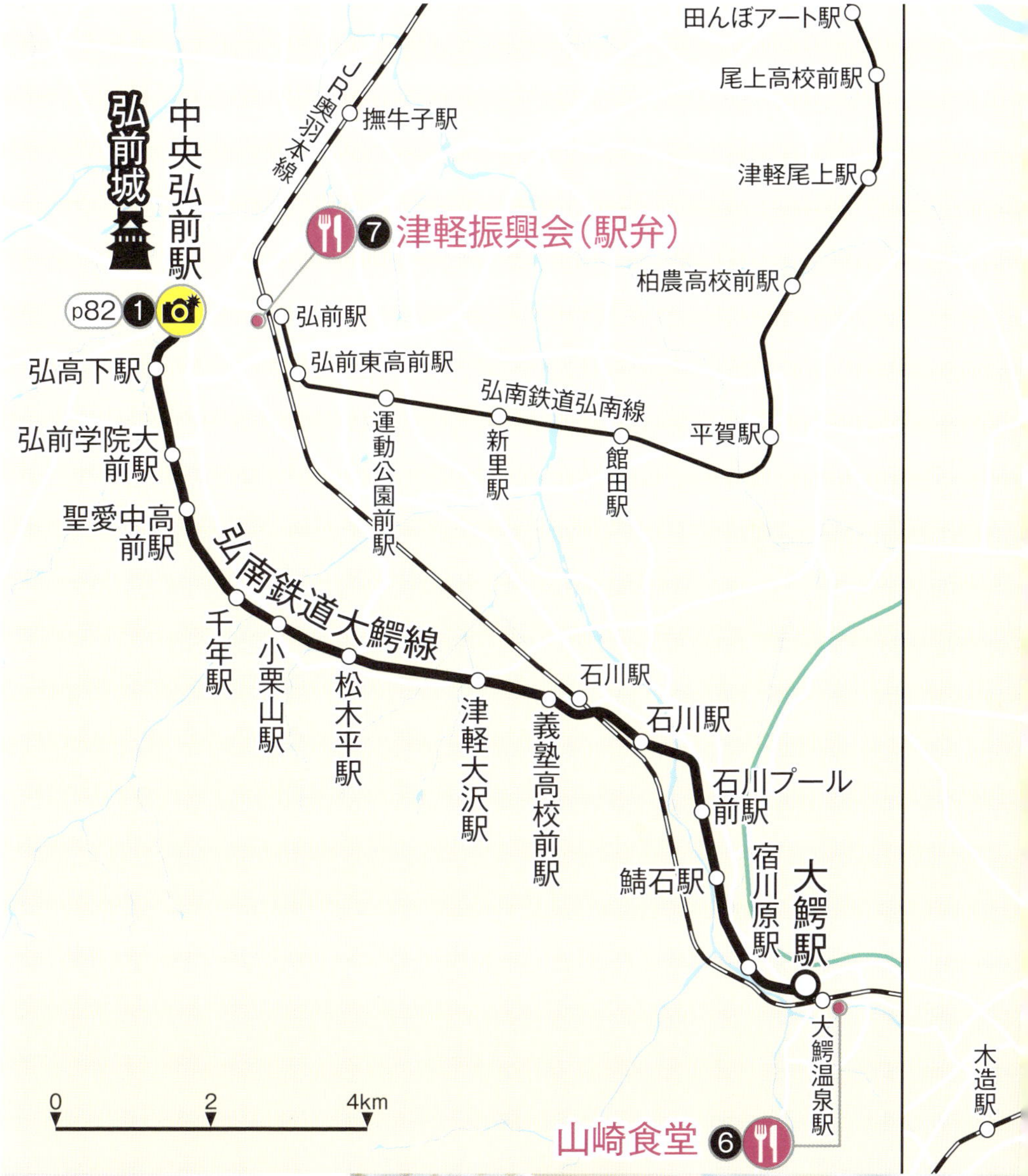
弘前城
中央弘前駅
p82 1
弘高下駅
弘前学院大前駅
聖愛中高前駅
弘南鉄道大鰐線
千年駅
小栗山駅
松木平駅
津軽大沢駅
義塾高校前駅
石川駅
石川プール前駅
鯖石駅
宿川原駅
大鰐駅
大鰐温泉駅
JR奥羽本線
撫牛子駅
7 津軽振興会（駅弁）
弘前駅
弘前東高前駅
運動公園前駅
新里駅
館田駅
弘南鉄道弘南線
平賀駅
柏農高校前駅
津軽尾上駅
尾上高校前駅
田んぼアート駅
石川駅
木造駅
山崎食堂 6
0
2
4km

8

7

6

# 函館市企業局交通部・道南いさりび鉄道

始発列車の仕業につく函館市電の最古参530号車。冬場の「フランジ付け」には欠かせない車両だ。

## 函館を　訪れるなら　冬と夏

「皆様、北海道へようこそお越しくださいました。はやぶさ号は青函トンネルを抜けて、北の大地を駆け抜けております」

旅情を感じさせるアナウンスとともに、車窓の外はそれまでの漆黒の隧道から、眩いばかりの一面の銀世界へ。奥津軽いまべつ駅から新幹線に乗ること30分弱で北海道に上陸した。同じ雪景色でも、鬱蒼とした樹林に重々しい雪が積もる津軽とは趣が異なり、粉砂糖をまぶしたようなパウダースノーが原野を覆っている。目的地の函館へはこのまま終点の新函館北斗まで乗車して、「はこだてライナー」で向かうのが早いが、急ぐ旅ではない。新函館北斗の1駅手前、木古内《きこない》で新幹線を下車。旧JR江差《えさし》線、現在の道南いさりび鉄道に乗り換えて、ゆっくりと函館を目指すことにした。

木古内駅前のコンビニで北海道限定のビール、サッポロクラシック缶と道産ポテトのフライを調達。単行のキハ40のボックスシートに腰掛ける。新幹線より数倍も大きな窓から楽しむ、パノラマの眺望は圧巻だ。道南いさりび鉄道線は、函館湾の海岸線をなぞるように、しかも並走する国道より一段高い崖の上を走る区間が多いので見晴らしが良い。函館湾の透明度は車窓からも分かるほどで、この地特産の真昆布が気持ち良さそうにゆらゆらしている。次第に函館山の山容と函館の街が近づいてきた。

函館は、古くから蝦夷《えぞ》の入口で、幕末の開国後は貿易港として発展。外国人も数多く居留し、異国情緒が今も残る。更に遡ると、大昔は独立した島であった函館山が、砂の堆積により陸地と繋がって市街地化した

道南いさりび鉄道の木古内から五稜郭までは約1時間の旅。大きな窓で眺望を楽しみながらのビールも美味しい。

函館山の裾野には印象的な坂と異国情緒を感じさせる建物も多い。特に冬場の夜景がおすすめだ。

ササラ電車は冬の函館の風物詩。積もるほどの雪が営業時間中に降れば、高確率で出動する。

歴史があり、その独特の地形が、函館山からの夜景を唯一無二のものにしている。そんな歴史のロマンと自然が調和した街並みには、路面電車がよく似合う。

四季を通じて魅力的な街だが、とりわけ冬。凍てつく函館こそ真骨頂かもしれない。砂州の上に乗っかった市街地には季節風が容赦なく吹き抜ける。寒さが身にしみるがゆえに、夕闇にぽつぽつと灯り始める街の明かりがより温かく愛おしく感じられるのだ。十字街から末広町にかけての線路端から、山側に坂道をちょっと上ってみよう。振り返れば視界には海が開け、街路樹に灯るイルミネーションが積もった雪を柔らかく照らす。その中を駆け抜ける路面電車は何ともロマンチック。函館山から一望する夜景もいいが、何気ない街角からでも絵になるのが函館だ。

視界を遮るような雪が降ると、どんなに防寒対策を施しても、街を歩くのは難儀する。でもそんな日ならではの楽しみもある。線路に降り積もった雪を大きな竹のブラシで取り払うササラ電車に遭遇できるかもしれない。いつ出動するかは天候次第。夜中に積もった雪は運行開始前にグレーダーと呼ばれる除雪車で取り除かれることが多い。路面電車が走っている時間帯に雪が降り続き、線路に積もるようなときはササラ電車の出番だ。大きなブラシで雪を蹴散らしながらササラ電車が走る姿は、函館の冬の風物詩といえる風景。

そしてもう一つ。ササラ電車とともに、冬だからこそ出会える車両が現役最古参の５３０号車だ。積雪時

函館の6月は過ごしやすい。冷房もない旧い車両でも、窓を開けて薫風を感じながら乗車を楽しめる。

や路面凍結時になくてはならない車両で、通常運行開始前に駒場車庫を出庫し、線路の溝に詰まった雪を取り除く「フランジ付け」という重要な作業を行う。車両重量があり、古い制御方式で空転しにくい５３０号車だから担える任務だ。作業後はそのまま始発列車に充当される日もある。引き続きカメラを持って線路端に張り付いてみよう。

初夏もまた函館らしさが感じられる季節だ。梅雨真っ只中の本州とは対照的に、6月の函館は雨も少なく快適。冬は函館市民を凍えさせた季節風も、湿気を振り払うかのような爽やかな風に変わる。街に緑が溢れ心踊るこの季節に、乗って撮って楽しみたいのが、レトロ電車「箱館ハイカラ號《ごう》」だ。明治生まれの車両で、一度はササラ電車に改造されていたが、１９９２年に函館市制70周年記念事業の一環で、往時の姿に復元された。運転台はオープンデッキ、車内は木張りで、籐《とう》の吊り革なども忠実に再現。運転士と車掌の制服もレトロ調と徹底されている。もう車内に入った瞬間から、明治・大正期の函館にタイムスリップ！

また季節を問わない楽しみどころとして、函館市電の沿線には温泉施設が多い。終点の湯の川は函館の奥座敷。旅館やホテル、公衆浴場に加えて、市電を眺めながら手軽に浸かれる足湯もある。そしてもう一つの終点、谷地頭《やちがしら》から徒歩5分ほどの谷地頭温泉。こちらは街の銭湯のような庶民的な雰囲気で市民の利用が多い。鉄分を含んだ茶褐色のお湯が特徴だ。撮り歩きで疲れた体をじんわりと癒してくれる。至福の気分で湯船に浸かっていると、湯けむりの向こうに、同じように温泉を楽しむ１００年前の函館の人々の姿が見えたような気がした。

谷地頭線の青柳町電停は坂の頂上部に位置し、印象的な写真が撮れる場所として有名だ。

道南で水揚げされた根ボッケにこだわった店。冬には季節料理のゴッコ汁も楽しめる。

幻のホッケを味わい尽くす店

# 根ぼっけ

看板メニューである根ボッケの刺身。鮮度抜群の状態で味わえるのも漁場が近いからこそ。

「ホッケという魚の概念が本当に覆ったんですよ。最初、口にした時は衝撃でした」

と熱を込めて語るのは函館駅前の地魚料理店「根ぼっけ」のオーナー、福留誠さん。それは福留さんの奥様の実家がある道南地方の松前町で食べたホッケだったと言う。

「刺身で食べるなんて生まれて初めて。脂の乗りが全く違うんですよ。もちろん、干物にしても段違いの美味しさでねえ」

福留さんが運命的に出会ったのは、道南で根ボッケと呼ばれている希少なホッケだ。ホッケは通常、北海道の沿岸を群れを成して回游し、漁では0〜1歳魚が水揚げされる。これに対し根ボッケは、群れから離れ独り立ちし、岩礁域の海底に2〜4年根付くことからその名が付いた。好きな餌を好きなだけ食べて、運動

「根ぼっけバッテラ棒寿司」はテイクアウトにも対応。新函館北斗駅でも購入できる。

も少なめなので、自ずと脂の乗りが良くなる。その衝撃の味を忘れられなかった福留さん。両親と営んでいた函館朝市の乾物店を閉店し、根ボッケを主力にした料理店を出すに至ったというのだから、相当な惚れ込みようだ。

では早速、自慢の根ボッケの刺身からいただくことにする。角のない柔らかな食感。そして口いっぱいに広がる脂の旨み。目隠しして食べたら、マグロの大トロと間違えてもおかしくない。根ボッケを扱う店は他にもあるが、刺身で出す店は珍しい。鮮度が落ちやすいホッケを適切に刺身調理するには、確かな技術と知識が必要になるからだ。

「幸い、函館には北大（北海道大学）の水産学部がありましてね。専門の先生からも意見を聞いて研究して、こうして安全にお店で提供できているんですよ」

続いて、開き（干物）焼きが登場。まず驚くのがその大きさと、半身とは思えない身の分厚さだ。つやつやとした見た目からも脂乗りの良さが分かる。凝縮された旨みと香ばしさをうっとりと味わいながら、サッポロクラシックをゴクリ。クラシックの爽やかな口当たりが、喉元からホッケの脂を徐々に溶かしてくれるようだ。

これも今人気なんです、と最後に出してくれたのが根ボッケのバッテラ棒寿司だ。新幹線の新函館北斗駅での売れ行きも好調とのことで、奥の作業場ではスタッフが棒寿司の梱包に勤しんでいた。

「これからは息子が二代目として店を切り盛りしますが、私もまだまだ頑張りますよ」

ひっきりなしに訪れる客で店内は盛況。地元民にも観光客にも愛されていることが伝わる。根ボッケが岩場に根付くように、函館の街にどっしりと根をおろして、人々を魅了しながら歳月を重ねる名店だ。

**根ぼっけ**

住所
北海道函館市松風町
8-19

営業時間
17:00 ～ 22:00
(L.O.21:30)

定休日
日曜（月曜が祝日の場合は日曜に営業し月曜休み）

電話
0138-27-4040

# 函館

## 撮り呑み歩き

## MAP

❶天気が良ければ函館山から俯瞰で撮れる　❷高田屋嘉兵衛像に見守られながら　❸夜景が印象的な十字街界隈　❹詰所で申請をすると見学や撮影ができる　❺駒場車庫を彩るルピナス　❻湯の川では足湯に浸かりながら撮影もできる　❼函館名物ハセガワストアのやきとり弁当　❽「根ぼっけ」の後の〆は函館塩ラーメンで

0
500
1000m
JR函館本線
函館湾
函館港
ラーメン滋養軒
8
ハセガワストア
7
中央病院前
千代台
堀川町
p94
昭和橋
千歳町
新川町
松風町
函館駅
函館駅前
市役所前
函館どつく前
大町
p98
末広町
十字街
魚市場通
p100
地物産品料理処
根ぼっけ
p97
3
p97
2
1
函館山
ロープウェイ
宝来町
青柳町
p99
谷地頭
津軽海峡

1

2

3

# 東京都交通局・都電荒川線（東京さくらトラム）

都電には歩行者専用の踏切も多い。下町情緒あふれる街に人と電車が交差する。

荒川二丁目付近は、飛鳥山とならぶ都電沿線の桜の名所だ。

## 路線も歴史も、起伏あり

都電荒川線の路線図を眺めてみる。起点は三ノ輪橋《みのわばし》で、終点は早稲田。起終点どちらも他の鉄道と接続していない路線は珍しい。途中の町屋、王子、大塚では京成やＪＲと繋がっているし、地下鉄との乗換駅もある。この路線の特異さは、都電荒川線の前身である民間の鉄道会社、王子電気軌道（以下、王電）の設立経緯によるところが大きい。路線を辿りながら、歴史を振り返りたい。

まずは、起点の三ノ輪橋。商店街と住宅地の中に突如として都電の電車が現れる不思議なターミナルだ。そこから商店街を抜けた１００メートルほど東に、古めかしい３階建てのコンクリートのビルがある。日光街道（国道４号線）に面し、東京メトロ日比谷線の三ノ輪駅にも近い。現在は梅沢写真会館となっているこのビルは、かつて王電ビルヂングと呼ばれ王電のターミナルビルであった。１９２７（昭和２）年建造のレ

朝の交通ラッシュの中を走る都電。飛鳥山では併用軌道ならではの風景を楽しめる。

トロで重厚なデザインと、中央にぽっかりと開いた口からホームへ繋がる通路は、ターミナルに相応しい佇まいだ。

懐かしい「チンチン」という発車合図とともに出発進行！　ここから町屋駅前までは下町の裏路地の間を、家々の軒先をかすめるかのように走る。途中の荒川二丁目から荒川七丁目にかけて東側には500メートルにわたって桜並木があり、都電の桜の名所の一つでもある。桜並木の下は歩道が整備され、近隣住民の生活路、園児のお散歩道として利用されている。

京成電鉄と交差する町屋駅前から、梶原にかけての区間は、道路の上下車線の中央部を都電が走る。その区間の中ほどに位置する宮ノ前は、その名の通り尾久八幡《おぐはちまん》神社の前。季節の祭事や、時季によって風貌を変えるイチョウの大木が、都電に四季折々の表情を添えてくれる。梶原の一つ手前、荒川車庫前も見どころが多い。都電の全車両が集結し、朝夜を中心に入出庫の様子が見られるほか、静態保存された懐かしい都電が展示されている。

王電は1942（昭和17）年、戦時統制の一環で全路線が当時の東京市に買収され、その後都電となった。王電時代には、王子から真っ直ぐ北西に延びる赤羽までの路線もあった。戦後も存続したが全線が併用軌道であったため、交通の激化に伴い1972（昭和47）年に廃止。残りの旧王電区間は専用軌道が多かったことが幸いし、現在の都電荒川線として令和に至るのである。王電時代の王子駅前停留所は、ここから3方向に路線が伸びるジャンクション。社名に王子を冠した所以である。

山手の豊島区内にも下町らしい雰囲気が残る。ちょうど端境のような場所だ。

王子駅前を出ると直角に曲がりＪＲの高架をくぐる。ここから次の飛鳥山までが、都電のハイライトだ。併用軌道となり、車と一緒に坂を駆け上る。車はスイスイと上っていくが、電車はモーター音を唸らせて、ゼイゼイと息を上げながら走っているようだ。しかもこの併用軌道は、全国的にも珍しく、現在でも自動車の軌道進入が許されている。飛鳥山と石神井川《しゃくじい》（音無川《おとなし》）に挟まれた狭い土地で途中に交差点もあり、右折レーンの設置が難しいことが背景にはある。朝夕のラッシュ時には、混み合う車列に都電が行く手を阻まれるシーンも展開される。飛鳥大坂と呼ばれるこの坂は、下町と山手とを分ける境でもある。武蔵野台地の縁にあたり、少しずつ街並みにも変化が現れる。

坂を上った先が飛鳥山停留所だ。江戸時代から今に続く花見の名所である飛鳥山への観光輸送は、王電の設立趣旨の一つ。実際に王電の最初の開業区間は大塚駅前から飛鳥山だったことからも、当時の旺盛な需要が分かる。飛鳥山の交差点には歩道橋が架かり、春には飛鳥山の桜と都電を撮影できる。

その先、都電は山手エリアを進み、庚申塚《こうしんづか》で旧中山道と交差。そこから大塚駅前にかけて緩やかな下り坂が続くが、台地を離れたわけではない。一帯は、現在は暗渠《あんきょ》となっている谷端川《やばた》が削った低地なのだ。大塚駅前は路線上で唯一、ＪＲ山手線と接続する駅であり、ここでほとんどの乗客が入れ替わる。池袋のビル街を遠くに見ながら台地に上ったのも束の間、「恐れ入谷《いりや》の鬼子母神《きしもじん》」で有名な鬼子母神《きしぼじん》前を過ぎると、またしても神田川が削った目白崖線《がいせん》の下に駆け降りる。

都電荒川線の終点・早稲田は実にあっけない。新目白通りの真ん中に突然、投げ出されたような感覚になる。王電時代にあった駅舎は、当時の東京市による買収後に解体。戦後、都電江戸川線と接続されたものの、1968（昭和43）年の第三次都電撤去で早稲田から東側は廃止されレールも剥がされた。

〝最後の都電〟として、時代の波に翻弄されながら生き延びる荒川線は、実は元々は王電の路線。山あり谷ありの来歴は、起伏を縫って走る電車の姿そのものにも重なる。だからこそ何度乗っても、何度撮っても飽きることのない、味わい深い路線なのだ。

都電荒川線の見せ場の一つは学習院下の坂。起伏する線路と踏切が絵になる。

こんがりと焼き上がっていく香りが食欲をそそる。

日本一、ホームから近い居酒屋

# 炭火焼 御代家

自慢の焼き鳥をタレで味わう。合わせるドリンクは下町らしくホッピーで。

〝おばあちゃんの原宿〟で有名な巣鴨とげぬき地蔵にも近い、都電庚申塚停留所から何と徒歩3歩！　上りホームに面して「御代家《みよけ》」はある。

公式記録はないが私の経験上、日本で一番、電車から降りてすぐに入れる居酒屋ではないだろうか。そんな話題性から、物珍しさで入店するお客さんも多いという。そして、そのまま常連客になるケースもあるとか。それもこれも、美味い料理と大将の人柄によるところが大きいのだろう。

店の扉を開けると、カウンター越しに見えるのは、炭火の焼き台。漂う煙とこんがりと焦げたタレの香ばしい匂いだけで、思わず一杯が欲しくなる。その香りに釣られるまま、お任せで串を5本注文した。ビールもいいが、お江戸に来たからには、乾杯はやはりホッピーだろう。キンミヤ焼酎の入った氷いっぱいのジョッキに、自らホッピーを注いでマドラーで軽くかき混ぜる。泡立つ琥珀《こはく》色の液体をグッと流し込んで、さっそくひと串。

カウンターから威勢の良い声を張るのは、ここ巣鴨

**炭火焼 御代家**

住所
東京都豊島区西巣鴨2-32-10
営業時間
17:30 ～ 23:00（L.O.22:30）
定休日
毎月5のつく日（5・15・25日）及び不定休※詳細は店ホームページを確認
電話番号
03-3918-0084

が地元で、祭りとハーレーダビッドソンを愛する江戸っ子大将、御《み》代《よ》恒《ひさし》さん。２００２年のオープン以来、地域密着で愛され続けて早、四半世紀近い。

焼き鳥以外のメニューも豊富で、「とり天」も焼き鳥に並ぶ人気ぶり。紅生姜を衣に混ぜ込んでサックリと揚げた一品で、これもホッピーによく合う。焼き鳥を含めた焼き物は全て炭火で焼くので、焼き魚も美味い。御代さんの父方のルーツが福島県いわき市とのことで、その縁から小名浜港で揚がった直送の魚がメニューに並ぶことも。

料理は定番を除き日替わりで、大将の奥様手書きのお品書きに温もりを感じる。

「タブレットとかＱＲとか嫌でねー。お客さんも面倒でしょう。注文時に言葉を交わしたりして、そういうところでもお客さんとのコミュニケーションを大事にしたいんですよ」

アナログな気質に江戸っ子らしい清々しさを感じる。

店内の賑やかな話し声に交じって、時折、どこからともなく聞こえてくる都電の警笛やブレーキエアーの音。

人気のとり天のほか、日替わりの季節の一品も楽しめる。

「カメラを持って都電の撮影ついでに立ち寄るお客さんもいらっしゃいますよ。もちろん一見さんも大歓迎です」

都電撮り歩きのゴールはこれから「御代家」の焼き鳥とホッピーに定めることにしよう。ふらふらに疲れても電車にさえ乗り込めば、もうお店に着いたも同然なのだから。

❶三ノ輪橋界隈は味のある商店街が多い
❷下町のランドマークと都電が撮影できるポイント
❸季節の祭事と合わせて撮りたい
❹5月の都電沿線はバラでいっぱいに
❺春の飛鳥山はどの角度でも絵になる
❻庚申塚駅そばで真っ赤に染まる紅葉
❼学習院下の明治通り沿いはイチョウの名所
❽都電散策のお供に。手巻き寿司が名物

# 東京

## 撮り呑み歩き

## MAP

# 〝我流〟旅の愉しみ方

地方鉄道を訪れる愉しみは、その土地の日常を体感できることにある。今回多く取り上げた路面電車の走る街なら、なおさらだ。車内の会話から聞こえてくる方言も味わい深い。車窓から賑わいのある商店街を見つけたら、思わずふらりと降りてしまう。鮮魚店一つとっても、日本海側と瀬戸内では並んでいる魚の種類はずいぶんと違う。店先で地物の魚なんて煙モクモクで焼かれていたら、匂いに引き寄せられる猫のごとく、後先考えずに買い、いざどこで食べようかと思案することも。とりあえず酒屋でビールでも買って、スマホの地図で、電車で行ける大きな公園か、広い河原がないかを探す。旅の恥はかき捨て、ではないが周りの目は、もはや気にならない。昼から一人、酒盛りを決め込むしかない。

全国チェーンではない地元密着のスーパーがあれば、これまた目的もなく入ってしまう。まず目指すは調味料コーナー。醤油や味噌、ソースなどに地域性が感じられて、眺めているだけでも楽しいし、お土産にも良いだろう。それに旅行中の食費も青天井という訳にはいかない。時には惣菜コーナーで買い込んで、お酒だけはちょっぴり贅沢して、ホテルの部屋で自由気ままに食べるのも、また旅の愉しみというものだ。

食事といえば、もう一つ。旅先の飲食店で好みの酒に出会ったとする。これは是非、土産にしたいと思っ

ても扱っている店を探すのはなかなか難しい。そんな時は、マスターに取引のある酒屋を聞いてみるのも一つの手だ。大抵の場合、取引先の酒屋を教えてくれる。実は結構遠くてバスを使ったりすることも良くあるが、地酒ハンターならこれくらい全く厭《いと》わない。

「旅の愉しみ方」と題しつつ、結局食べ物の話ばかりになってしまった。そんなふうに思いつきで降りたり、乗ったりするのに便利なのが一日乗車券だ。今回、紹介した13の鉄道事業者全てに何かしらの形で一日乗車券が存在する。かつての一日乗車券は紙製のスクラッチ式のものが多かったが、近年は時代の流れもあり、スマホにアプリをダウンロードして購入する形式も増えている。旅の記念に乗車券の実物をコレクションできないのは少々残念だ。一方で、昔ながらの味わいのある硬券の一日乗車券を今も発行している事業者もある。

旅で訪れた地域の日常の中に、自ら飛び込んでみよう。すると、その街の生きた姿が見えてくる。慢性的な赤字に喘ぐ地方鉄道にできるだけ乗って、降りて、地元で買って、味わって消費する。それが私たちにできる最大の応援でもあるのだ。

乗って
撮って
味わって…

# ニッポン縦断 ほろ酔い鉄道紀行

2025年4月25日　初版第1刷発行

著者　大鶴倫宣
発行人　山手章弘
編集担当　佐藤信博
デザイン・装丁　小林加代子（イカロス出版デザイン制作室）
発行所　イカロス出版株式会社
〒101-0051 東京都千代田区神田神保町 1-105
contact@ikaros.jp（内容に関するお問合せ）
sales@ikaros.co.jp（乱丁・落丁、書店・取次様からのお問合せ）
印刷所　株式会社暁印刷


Printed in Japan　ISBN978-4-8022-1578-7